Si seulement vous saviez…

Chris Marques

Si seulement vous saviez…

Flammarion

ISBN : 978-2-0802-5867-0

Sommaire

Remerciements

Merci papa et maman, Mickaël, Vanessa, Pauline & Chenoa. Merci également *Abuelita.* J'espère que ce livre vous aidera à mieux comprendre ce qui se passait au bout du fil durant toutes ces années. Je voudrais également remercier ma belle-famille, Julia, Tony et Chris, vous êtes des beaux-parents formidables. Dora et Steve, *I'm thinking of you too, thank you for everything.* Kim, Jenny et Vicky, *you're awesome sisters.*

Merci à mes amis. J'ai beaucoup de chance d'en avoir des comme vous. Vous êtes des amis de confiance, des amis solides. Andy et Kelly, Camilla et Kevin, Emma et Jamie ainsi que mon pote au talent génial Charles Baldassarra et les copines Cécile Combes, Florence Boudaud et Julie Benchetrit, merci d'être là et plus encore. Je vous kiffe.

Merci à mes amis Marie-Claude Pietragalla et Julien Derouault, vous êtes entrés dans ma vie et vous l'avez marquée à jamais. Vous êtes inspirants, chaleureux… et vrais.

Merci également à l'équipe de TF1 : Ara Aprikian, Fabrice Bailly et Xavier Gandon, Julien Degroote, sans oublier Rémi Faure et mon amie Solène Le Goff qui me permettent depuis dix ans d'évoluer sur des projets toujours plus intéressants et ambitieux.

Merci à mes deux amis Jean Louis Blot et Arthur. Il est rare de trouver des copains comme vous : jamais blasés, toujours autant excités par de nouveaux projets, toujours prêts à montrer la voie, toujours à m'offrir du temps pour m'écouter, merci.

Merci également à mes amis de LiveNation où j'ai la chance de travailler aux côtés d'une équipe qui me permet de m'éclater sur scène et de créer. Merci infiniment Angelo Gopee, Jessica Castanier, Margaux Cassier, Léopoldine Garcin-Berson ainsi que Laëtitia Manach...

Merci au programme qui a tout changé, *Danse avec les stars*, cette émission a transformé ma vie et cette émission c'est vous, merci Fred Pedraza, Gery Leymergie, Fred Carné, Pierre-Marie Gadonneix, sans oublier bien évidemment, *the woman in charge,* Déborah Nahon.

Merci à tous les danseurs et artistes que j'ai rencontrés sur mon chemin, je serai un des vôtres jusqu'au bout, vous avez mon admiration pour toujours. Malheureusement je ne peux pas tous vous nommer, il y aurait des dizaines de pages, mais je souhaiterais remercier toute l'équipe d'*Alors, on danse ?* et Christophe Licata, Coralie Licata, Inès Vandamme et Sandrine Quétier, ainsi que mon amie et directrice musicale à la voix d'or Amalya Delepierre-Zemmour.

Merci à mon agent et ami Thomas Dumont qui rend ma vie un peu plus simple chaque jour. Merci à mes avocats Stéphane Hasbanian et Claude Arié qui m'aident à construire une carrière particulière, je vous remercie infiniment.

Merci également à Mathieu Johann pour cette proposition éditoriale venue de nulle part. Je t'en suis profondément reconnaissant.

Enfin, merci à ma chère Ronite Tubiana, mon éditrice de choc ! Tu m'as permis d'écrire un livre alors que je n'étais pas certain d'en être capable avec un soutien sans faille dès le premier instant. Je n'aurais pas écrit le même livre sans toi. Merci pour toute ton aide, ton talent et ta bienveillance. Mes excuses pour les fautes d'orthographe et les accents inexistants… J'ai gagné un livre et une amie sur ce projet, pas mal du tout !

Jaci et Jackson… Tout le reste n'a qu'un seul but, vous voir sourire. *I love you.*

Ici tout commence

Rome, décembre 2003

« Et les champions du monde sont… Chris Marques et sa partenaire Jaclyn Spencer ! »

Enfin nous soulevons ce trophée ! Nous faisons enfin ce geste que nous avons répété tant de fois, seuls, dans notre appartement, face à un public imaginaire. À tout prendre, mieux valait gagner au moins une fois dans notre monde irréel, plutôt que jamais dans la vraie vie.

Mais ce soir, le rêve devient réalité. Nous devenons champions du monde…

Champions du monde.

À cet instant précis, arrivé au sommet, il aurait pu m'apparaître comme une évidence que l'effort en valait la peine, que je n'avais jamais eu le moindre doute, que d'un pas sûr j'avais gravi les échelons et que, de toute façon, je savais au fond de moi que j'allais réussir et devenir le meilleur.

Mais la mémoire est sélective, c'est bien connu. Dans mon cas, il ne s'agit plus de sélection mais d'une invention totale. Car de cette évidence soudaine, en réalité, tout aurait été faux.

Pour la première fois, je vais partager avec vous mon histoire. À part mon épouse Jaclyn, rares sont ceux qui la connaissent ; même mes parents ignorent une grande partie de mes aventures. Lorsqu'on a eu une enfance heureuse, on ne peut pas toujours partager les moments incertains avec ceux qui nous font tant de bien…

Jusqu'à ce jour de décembre, il y en a eu des moments incertains, difficiles même. Mais rassurez-vous, c'est loin d'être une histoire triste.

Laissez-moi vous la conter.

London's calling

Colmar, printemps 1995

Je danse depuis l'âge de 12 ou 13 ans. J'ai dévoré les VHS des plus grandes compétitions mondiales de danse, décortiqué la moindre scène de danse au cinéma, analysé chaque mouvement dans les clips de mes artistes préférés. Mais cela ne me suffit plus. Mon interprétation de ce qu'est la danse n'est que ma traduction approximative d'un langage qui m'est encore flou, fascinant, mais inconnu. Lorsque j'exécute un pas, il ne s'agit pas d'un geste technique, mais uniquement de l'interprétation que j'en fais, de ce que j'ai pu analyser au travers des images dont je dispose.

Petit aparté pour commencer : mes analyses me valent d'ailleurs quelques soucis. Un jour, je pensais avoir découvert une nouvelle approche d'un pas d'une banalité incroyable : le lockstep, une succession de pas croisés en arrière. En visionnant une énième compétition – un championnat d'Europe – j'ai, du haut de mes 15 ans, une foudroyance : je remarque que, lorsque Louis van Amstel, danseur formidable, place son premier pas en arrière, il ne pose pas la plante du pied mais bien la pointe, et qu'il continue sur cette pointe durant tout le pas, conférant une ligne moderne à une figure normalement sans intérêt. Qu'à cela ne tienne, si les champions le font, eh bien moi aussi, sur la pointe, je serai… Sauf qu'après avoir exhibé cette nouvelle technique pendant des mois (technique qui d'ailleurs était des plus douloureuses), je vois enfin, durant une compétition, en chair et en os ce danseur Louis van Amstel. Il danse devant moi, rapide, fluide, sans limites. Arrive le fameux « pas ». Je me rends compte que cette « pointe » n'était due qu'à l'angle choisi par le réalisateur et que la plante se posait bien après ladite pointe… Je suis devenu le premier danseur à exécuter les locksteps arrière sur la pointe du pied… Mes orteils ne me remercient toujours pas, et j'ai lancé une mode qui ne sera finalement adoptée par personne.

Revenons au jeune Chris, qui, à Colmar, a envie de plus. J'ai de la chance d'avoir commencé dans une école colmarienne tenue par Jean Marcel et Carmen Barsh, des professeurs de danse talentueux et atypiques qui m'ont donné mes premières bases. Mais j'ai besoin d'entendre les meilleurs expliquer, de voir les meilleurs chorégraphier, d'observer les danseurs de mes VHS de mes propres yeux. Je demande alors à mes parents de me laisser partir, et, à l'âge de 16 ans, je décide d'intégrer une école reconnue à l'international, l'*École de danse Ribas* à Villeurbanne.

Je n'ai pas besoin de passer de sélection : dès mes débuts, je me fais rapidement remarquer. Six semaines après mon tout premier cours de danse, j'arrive en finale d'une compétition nationale ; six mois après mes premiers pas, je deviens champion de France, titre que je remporte trois fois d'affilée, chaque fois dans ma catégorie d'âge. Comme je m'impose rapidement, plusieurs écoles se proposent pour m'accueillir.

Mes parents acceptent mon choix, à la seule condition que je réussisse ma terminale. Le moindre manque d'assiduité et c'est un aller simple pour l'Alsace. Et surtout ne pas oublier pourquoi je m'en vais, et qu'une famille entière va s'angoisser pour moi, des mois durant.

L'école de danse

Lyon, septembre 1995

J'arrive à Lyon à la rentrée 1995. Le club m'accueille car il a une partenaire pour moi, Lise-Marie Chayvialle. Ses parents s'accordent avec les miens pour m'entourer durant cette première année loin de chez moi. C'est ainsi que je m'installe chez eux. Les parents Chayvialle sont chaleureux et totalement dévoués à leurs enfants : le père, éminent spécialiste en gastro-entérologie, trouve encore le temps d'aider les enfants avec leurs devoirs. Quant à la maman, elle concocte tous les soirs des repas dignes des meilleurs restaurants. Généreux, ils me permettent de retrouver la convivialité dans laquelle j'ai grandi. Je me sens moins seul.

Lise-Marie est douée, mais elle n'a pas jusque-là atteint les résultats à la hauteur de son talent : lors du critérium régional auquel elle participe juste avant que nous dansions ensemble – les critériums sont les compétitions qui déterminent le classement des couples à l'échelle nationale grâce à un système de points liés aux résultats atteints durant l'année –, elle se classe parmi les derniers sur cent cinquante couples. Après quelques semaines d'entraînement, nous remportons cette même compétition ! Au fur et à mesure des semaines, elle s'épanouit et produit de belles performances.

J'étais si content d'avoir enfin trouvé une partenaire à ma taille ! Ma première cavalière de danse, Sandra, faisait une tête de plus que moi. Nous nous entendions à merveille, mais la danse demande une harmonie de taille pour exécuter certains mouvements et après trois ans ensemble il était devenu impossible de continuer. Me voilà donc à Lyon avec une nouvelle partenaire, dans une école réputée et tout à ma disposition pour réussir. Mais les difficultés surgissent souvent là où on ne les attend pas.

J'ai peut-être surévalué ma maturité et sous-estimé ma timidité maladive. Cela peut surprendre mais, bien qu'aimant la danse, je suis d'abord un timide et les situations sociales m'angoissent. Le premier jour de ma terminale est un supplice : je suis devant le lycée Édouard-Herriot, immobile, comme paralysé. Je ne connais personne et mon corps ne sait pas quoi faire. Rentrer, tête basse, pour surtout ne pas croiser le regard des autres ? Faire demi-tour et m'enfermer dans ma chambre ?

Mais n'est-ce pas pour de nouvelles aventures que je suis là ? N'est-ce pas une chance de me façonner une nouvelle personnalité, ou au moins de faire comme si j'en avais une ? Personne ne me connaît, aucun préjugé, peut-être est-ce le moment de devenir quelqu'un d'autre.

Je réussis à me faufiler dans les couloirs et j'intègre ma classe. Première étape franchie ! Oui, je sais, je me contente de peu, mais, comme je l'ai compris bien longtemps après, mieux vaut cultiver les petits succès car les grandes victoires sont rares.

Les semaines défilent, je tiens mes promesses, ne cause pas de problèmes. En réalité l'équilibre de la famille est un peu compliqué depuis mon départ, mes parents, encore un peu tristes de cette séparation rapide, s'en remettent lentement. Il me faudra quasiment vingt ans et la naissance de mon fils, Jackson, pour comprendre à quel point il a dû être difficile pour mes parents de vivre cette étape à laquelle ils n'ont pas eu le temps de se préparer. Quelle violence.

En ce qui concerne la danse, mes résultats s'améliorent. Je découvre des gens formidables qui m'aident, me conseillent, me font avancer. Mais le besoin d'en apprendre plus resurgit, et plus fort encore. Alors après seulement quelques mois à Lyon, ma décision est prise : quitte à tout sacrifier, je veux rejoindre mes idoles. En Angleterre.

Je connais ma destination, mais rien de plus : je ne sais ni comment s'organise la vie d'un danseur sur place, ni même comment partir. Je recherche la moindre information qui pourrait m'aider, une connexion à Londres pour m'orienter. Quand me vient une idée.

Un week-end, durant une compétition de danse, j'aperçois Éric Sourdeau et Gaëlle Bernard. Dans le monde de la danse de salon, ce sont les deux noms qui reviennent toujours lorsque l'on parle de réussite et de l'Angleterre. Le couple, dix fois champion de France de danses sportives et finaliste des championnats d'Europe, est la star du milieu. Ils sont formés par les meilleurs maîtres français et les professeurs anglais les plus réputés. Ils font régulièrement l'aller-retour entre Paris et Londres.

Je me décide à les approcher. Immédiatement, je ressens une bienveillance incroyable. Après une conversation qui ne dure pas plus de quelques minutes, j'apprends qu'ils se préparent justement à partir à Londres pour prendre des cours. Nous décidons ensemble que je les y accompagnerai. Ils pourront ainsi m'expliquer comment fonctionne le milieu et me présenter aux coachs londoniens. Je n'ai pas demandé l'autorisation à mes parents, j'irai de toute façon. Faire semblant de leur donner le choix serait injuste, puisque j'ai déjà pris ma décision. Je prends donc le parti de régler les détails d'abord et de leur annoncer mon départ ensuite...

London, baby !

Septembre 1996

Le monde de la danse de « salon » est un univers particulier. Elle est aussi appelée danse « sportive ». En effet, comme dans de nombreuses activités, il existe plusieurs factions. L'une souhaite être affiliée au domaine du sport pour profiter de budgets plus importants et garantir la pérennité du milieu : c'est la danse sportive. L'autre, la danse de salon, souhaite rester une activité culturelle. Mis à part certaines bizarreries telles que l'obsession pour les lotions autobronzantes, qui souvent me valaient de la part de mes camarades de classe des regards dubitatifs, voire inquiets pour cette jaunisse soudaine, la danse sportive est tout d'abord constituée d'un groupe de passionnés. Passionnés par cet art qui stabilise, tout en nous poussant à explorer nos limites physiques et émotionnelles. Le danseur peut, dans un monde où tout change rapidement, où ce qui était vrai hier ne le sera pas forcément demain, utiliser son corps pour raconter, illustrer, souvent apaiser, ou bien même s'apaiser.

Je dois vous faire une confidence : j'ai démarré la danse pour rencontrer des filles. Mais ce qui m'a instantanément captivé, c'est cet état second que le mouvement induit en moi. N'y voyez aucune révélation profonde ni une quelconque référence au mystique ; simplement, depuis ma plus tendre enfance, mon esprit, mon cerveau me parlent, sans cesse, de tout, enchaînant les questions sans réponses, des questions qui mènent à d'autres questions. Quand je danse, corps et âme s'apaisent, le temps passe sans que je m'en aperçoive, mon corps respire et mon âme rit.

J'ai démarré à douze ans et, déjà à cet âge, la danse était un besoin vital. J'ignorais à l'époque qu'elle deviendrait nécessaire à mon bien-être.

Je foule enfin le sol londonien. Enfin. Mais pas celui des palaces ou des cartes postales, non ; Londres sera pour moi plutôt Norbury, Streatham ou bien Thornton Heath. Autant vous dire que nous sommes au fin fond de la banlieue londonienne, et que pendant très longtemps je ne connaîtrai pas le « beau » Londres.

Mes amis Éric et Gaëlle comprennent rapidement que le dépaysement est total et que je vais avoir grand besoin d'une formation accélérée sur ce nouvel environnement. Ils n'ont que cinq ou six ans de plus que moi mais déjà une grande expérience de la danse en compétition. Premièrement, je me rends compte que je ne parle pas anglais. Mais ayant grandi dans une famille parfaitement trilingue – nous passions, dans une même conversation, du français à l'espagnol et au portugais –, il me semble évident que je peux apprendre une langue de plus.

Je dois vous dire également qu'au collège ma prof d'anglais essayait de me faire comprendre que la langue de Shakespeare ne serait jamais pour moi, j'enchaînais constamment des notes entre 1 et 5 sur 20. Je pense que les pauvres candidats de *Danse avec les stars* sont encore les victimes collatérales d'un sentiment d'injustice lié à ces cours d'anglais. Tout s'explique enfin…

Nous logeons dans un *bed & breakfast* à Thornton Heath. Quand j'appelle mes parents, niché dans l'une de ces fameuses cabines téléphoniques anglaises rouge vif, ils s'imaginent quelque chose d'assez élégant. Les seules images de l'Angleterre qu'ils ont en tête proviennent du *Benny Hill Show*, qui, hormis un humour beauf et complètement inimaginable aujourd'hui, montre toujours une architecture jolie et soignée… En réalité, je suis face à un quartier gris, triste, dénué de charme et étrange même, car les rues sont composées de centaines de maisons identiques, collées les unes aux autres…

Le petit déjeuner à l'anglaise, l'*English breakfast*, m'a d'abord laissé dubitatif : lorsque pour la première fois on me pose sous le nez des haricots à la tomate et du bacon frit, je ne suis pas complètement convaincu. Il me semble qu'il est un peu tôt pour le déjeuner… Je pense avoir fait une erreur lors de la commande mais n'ose pas contredire la serveuse. Bref, une matinée qui débute sous le signe du dépaysement total.

Pendant la journée, j'assiste à quelques-uns des cours de mes amis Éric et Gaëlle. Puis ils me quittent pour le nord de l'Angleterre où ils vont prendre des cours avec une ancienne championne anglaise. Les prochaines quarante-huit heures seront donc solo pour moi… Panique à bord ! J'ai peur de ne pas savoir m'exprimer, de ne finir par ne rien faire et rester enfermé dans le B&B… Mais *fuck it !* Quand faut y aller, faut y aller…

Avant de partir, Éric m'explique qu'ici les danseurs se retrouvent tous les soirs pour s'entraîner dans plusieurs salles de danse. Certaines ont un statut quasi mythique ; y danser est presque l'aboutissement d'une carrière. Des danseurs venus du Japon, de Russie ou plus loin encore économisent tout ce qu'ils peuvent pour venir danser au *Starlight Ballroom*, à Semley ou bien même à Cheam.

Chaque salle a ses spécificités. Cheam est spécialisée dans les danses standards ; la salle est gigantesque et permet aux couples de danser des fox-trot, des valses ou des quicksteps sans se déranger. Ne pas se déranger en dansant est d'ailleurs une technique à part entière en danse de salon, cela s'appelle le *floorcraft*. Lorsque vous voyez un couple de haut niveau danser un quickstep sans jamais en heurter un autre, je peux vous garantir que c'est absolument fascinant ; ils dansent une chorégraphie prédéfinie tout en improvisant l'ordre des séquences qui la constituent pour constamment s'adapter aux mouvements de leurs concurrents.

Mais moi, c'est Semley qui me fait rêver. C'est un peu le centre mondial des danses latines. Oui, je sais, c'est étrange qu'en banlieue londonienne se trouve un centre d'excellence de danses latines, mais c'est historiquement cohérent : ce sont les Anglais qui, les premiers, ont codifié plus strictement les danses cubaines pour pouvoir les exporter dans le monde entier.

Éric me dit que Semley se trouve à moins d'un kilomètre du B&B et que la soirée d'entraînement commence vers 20 h 30. Ils seront déjà partis pour Liverpool, mais je ne peux pas rater ça.

J'arrive un peu après 21 heures. C'est drôle, dans cette rue on ne peut plus anglaise, j'entends au loin les congas, les timbales et toutes les percussions du répertoire cubain et sud-américain. Semley se trouve au premier étage d'une maison qui ne paye pas de mine, dans une rue banale. Aucun des riverains ne sait d'ailleurs qu'un lieu mondialement connu se trouve là, à deux pas de chez eux… Et pourtant, c'est magique. Je gravis les marches une à une, la musique devenant de plus en plus forte. Quelques danseurs attendent devant l'entrée, je me faufile et j'entre.

Tout à coup, je les vois tous. Toutes mes idoles, toutes les stars de mes VHS : Donnie Burns et Gaynor Fairweather, quatorze fois champions du monde, sont là. Avec eux, j'ai appris à me concentrer sur les pas de base, car ils sont le socle sur lequel tout repose.

Juste derrière eux, j'aperçois les Danois, Vibeke Toft et Allan Tornsberg. Eux sont les génies de la *vibe* authentique. Ils reprennent tous les codes originaux des danses latines. Ils m'ont donné le goût d'explorer la chorégraphie en position fermée – c'est la position traditionnelle de danse, face à face, main droite de l'homme sur l'omoplate de la femme puis main dans la main du côté droit de la femme. Depuis des années, les Anglais nous ont un peu entraînés dans un style très « côte à côte », ils dansaient littéralement leurs chorégraphies l'homme sur le côté de la femme, face au public. Efficace pour les compétitions mais éloigné de ce qui rend la danse latine magique.

En réalité, où que je regarde, une autre star du monde de la danse surgit ! Je connais tous les danseurs sans exception. Ils dansent divinement bien ce soir, encore mieux qu'à la télé. Loin des accoutrements, des strass et des paillettes, du maquillage trop prononcé, ils ont l'air si cool ! Mes jambes en tremblent, et pourtant je suis immobile sur le seuil de la porte d'entrée. Les autres danseurs ne s'en inquiètent pas. Ils ont même l'air de comprendre ce qui m'arrive. Cela leur est peut-être aussi arrivé la première fois ?

Pour illustrer exactement ce que j'ai ressenti, replongez-vous dans le film *Dirty Dancing*. Dans une scène devenue mythique, Jennifer Grey entre, avec ses deux pastèques, dans la fête réservée au staff. Ce qu'elle voit est exactement ce que j'ai vu : des corps enchevêtrés, de la sueur, de la musique, de la passion. Que demander de plus ?

De danser, moi aussi, avec eux.

Les premières compétitions

Octobre 1996

Après mon premier séjour de quelques jours avec Gaëlle et Éric, je rentre à Colmar pour officiellement annoncer à mes parents que je quitte la France pour l'Angleterre, que tout est « organisé », et je repars pour Londres.

Les premiers jours, je prends mes marques, puis commence à contacter les profs pour trouver une partenaire. Un coach me propose alors un essai avec une de ses élèves. Me trouver une partenaire étant la première étape de mon parcours, j'accepte avec plaisir. Quelques jours plus tard arrive une jeune fille de mon âge, Candice Bayley, élégante, souriante et déjà très appréciée des coachs. Il ne nous faudra pas plus de quelques heures de répétitions ensemble pour entamer une première saison compétitive.

Les événements se suivent assez rapidement. Nous avons une première compétition dans quelques semaines, le championnat national à Blackpool, une ville du nord-ouest de l'Angleterre, considérée à une époque comme le Las

Vegas britannique, avec ses casinos, ses théâtres, son parc d'attractions. Mais il s'agit également de la capitale des compétitions du monde de la danse de salon. Chaque année depuis 1920 – à l'exclusion seulement des années de guerre et de la pandémie de Covid-19 –, Blackpool devient, le temps d'une semaine, le centre du monde pour des milliers de danseurs venus des quatre coins du globe.

Une fois cet objectif en tête, nous devions bâtir nos chorégraphies. Pour moi, il suffisait de s'enfermer un week-end dans une salle de danse et de créer. Pour Candice, cela n'était même pas envisageable : nous devions faire confiance à nos coachs pour créer des « routines », c'est-à-dire des chorégraphies, à la hauteur. Cette perte de contrôle fut un passage obligé mais difficile à accepter pour un danseur comme moi qui avait appris seul devant des vidéos.

Lors des premiers cours, mes inquiétudes se dissipent rapidement : je suis là pour apprendre, aller au-delà de ce que j'ai l'habitude de faire, et il se trouve que les chorégraphies qui sont façonnées pour nous sont absolument géniales. Notre coach Mick Stylianos est un cockney [1] de pure souche. Drôle, bavard, éminemment respecté et surtout connu pour sa capacité infernale à créer des chorégraphies uniques. Dans l'apprentissage de ces nouveaux gestes, je m'amuse, je ressens des sensations nouvelles.

Le travail d'entraînement est, quant à lui, très différent de ce que je concevais jusqu'alors. Mon plus grand plaisir

1. Habitant de l'est de Londres, caractérisé par un langage populaire.

est de m'enfermer dans une salle de danse des heures durant. L'intensité du travail, le sentiment de repousser au maximum mes limites physiques tout en répétant des gestes des centaines de fois me portent. Au Royaume-Uni, l'approche est différente : on enchaîne quotidiennement des cours avec des profs pendant la journée (tous payés à l'heure), puis des séances d'entraînement de quelques heures le soir.

Comme je suis là pour apprendre, je me plie à leur méthode. Et de toute façon, je n'ai pas le choix, j'ai d'autres problèmes à régler si je souhaite rester ici, notamment où vivre, comment me nourrir.

Le monde de la danse londonienne étant un petit milieu, grâce à Éric, j'ai la chance de rencontrer très rapidement un danseur français installé en Angleterre qui me propose très généreusement de m'héberger. Je ne réfléchis pas, j'accepte tout de suite. Le problème est que son appartement se trouve à Reading, à 70 kilomètres à l'ouest de Londres. La distance ne posera pas trop de soucis durant la journée, mais comment faire pour rentrer le soir, après les entraînements, quand les trains s'arrêtent vers minuit, et que je me trouve encore en pleine répétition dans le sud de la banlieue londonienne ? Certaines soirées, j'ai de la chance : un des danseurs peut me rapprocher de Reading ; mais parfois, je dois dormir dans la gare, ou sur un banc dans la rue, jusqu'au premier train de 5 heures. Dans ces moments-là, une grande solitude m'étreint. Tant pis, je vis mon rêve, ça ne va pas si mal…

Durant toute cette période, je ne demande aucune autorisation à mes parents. D'une part, j'ai 18 ans, je décide, je fais, je tente. Ils sont en France, je suis ici ; la distance me donne une certaine liberté d'action. Et ne rien leur dire m'évite d'essuyer un éventuel refus !

Nous nous rendons aux championnats d'Angleterre quelques semaines plus tard. Sur la piste de Blackpool, je suis inconnu au bataillon, tandis que partout autour de moi les compétiteurs en finale sont souvent les enfants des champions de la génération précédente. Mais, bien qu'ayant des parents professionnels, ils sont bien là grâce à une maîtrise incontestable du sujet ! Malgré cela, nous créons la surprise : nous n'accédons pas à la finale mais nous sommes remarqués. C'est un bon début.

Les nuits passées à attendre dans la gare sans dormir et les journées à errer dans Londres pour trouver un petit boulot commencent à être pesantes. D'une part, mon anglais ne s'améliore pas assez vite : hormis quelques banalités, je n'arrive pas à m'exprimer correctement. D'autre part, un sentiment d'isolement s'installe peu à peu. Je garde un discours positif au téléphone avec mes parents, pour ne pas les inquiéter, et je leur raconte la moindre de mes petites victoires. C'est étrange, mais je suis tout de même heureux.

Les parents de Candice se rendent compte rapidement que mes journées ne sont pas idéales et me proposent de venir vivre avec eux pendant quelque temps. Eux aussi vivent loin de Londres, à environ 60 kilomètres à l'est, mais au moins je pourrai rentrer avec eux et m'assurer des nuits confortables.

Dès lors, j'enchaîne les petits boulots : je nettoie les toilettes d'un fast-food, je travaille pour une société anglaise qui a besoin d'un employé bilingue. Je n'y reste pas très longtemps, la qualité première nécessaire étant de pouvoir parler anglais… Mais je me concentre sur l'apprentissage de la langue. Pour la simple et bonne raison que si je souhaite mieux comprendre mes cours de danse, je dois parler anglais.

Après quelques semaines chez Candice, je remarque tout d'un coup que je comprends le feuilleton *EastEnders* dans l'autre pièce. Je tiens à préciser que *EastEnders* tout comme *Coronation Street* sont des institutions pour les familles britanniques. Il s'agit là de feuilletons quotidiens qui sont à l'antenne depuis les années quatre-vingt pour le premier et les années soixante pour *Coronation Street*. Il est impossible, voire inconcevable, pour une famille de manquer un épisode. Les deux *soaps* ont énormément de similarités : tous deux sont ancrés dans la vie de tous les jours, les histoires sont souvent déprimantes à mon goût et se limitent aux résidents d'un quartier. Les accents sont incroyables ; au début, je peinais à croire qu'il s'agissait bien d'anglais simplement parlé avec des accents différents. Pour *EastEnders* dont l'action se déroule dans l'est de Londres, l'accent cockney moderne y est prévalent ; pour *Coronation Street*, qui se situe aux alentours de Manchester, imaginez un feuilleton où quasiment tous les protagonistes parlent comme les frères Gallagher du groupe Oasis… Je commence à m'accoutumer aux sonorités, aux expressions toutes faites et faciles pour communiquer. Et je tombe amoureux de cette langue qui m'ouvre les portes du reste du monde.

Ayant quitté ma famille pour vivre cette aventure pleinement, je ne souhaitais pas rester trop longtemps chez ma partenaire. Il était essentiel pour moi de me connecter à la vie de tous les jours et ce cocon confortable ne faisait que retarder l'inévitable. Je décide de trouver un boulot plus stable. On me fait alors une proposition surprenante. Un magasin de couture spécialisé dans les robes de compétition souhaite ouvrir une boutique proche d'une des nouvelles écoles en vogue. Cette école se trouve dans un village huppé nommé Woldingham. Le village est renommé car, de tout le Royaume-Uni, il est celui qui recense le plus grand nombre de millionnaires parmi ses résidents.

Les propriétaires trouvaient que c'était plutôt chic d'avoir un Français pour tenir leur nouvelle boutique. Cependant, ils ne me préviennent qu'à la dernière minute que la boutique en question n'avait rien à voir avec la danse mais plutôt avec le prêt-à-porter de luxe pour femmes. Voilà comment je suis devenu vendeur de prêt-à-porter dans un richissime village anglais…

Il me faut ensuite trouver où vivre de façon stable. On me fait savoir qu'une famille loue des chambres à plusieurs travailleurs du village. Vivre chez des Anglais richissimes, dans une maison de rêve, franchement j'ai une chance dingue ! Je prends rendez-vous pour aller visiter cette chambre. La maison devant laquelle j'arrive se trouve en pleine forêt. Pas les trois ou quatre arbres qui nous servent de pseudo-verdure dans les villes, non, une forêt avec des arbres à perte de vue et une maison tous les quatre cents mètres. La « maison de rêve » est très grande, certes, mais la famille ayant malheureusement rencontré quelques coups durs n'arrive pas à l'entretenir correctement et la demeure sombre peu à peu – je me demande si elle y est encore d'ailleurs…

La maison n'est pas en très bon état, mais son vrai « plus » est la famille qui y vit. La mère est d'une gentillesse absolue, le père, bienveillant, est encore ouvrier alors qu'il aurait pu prendre sa retraite depuis des lustres, et les enfants sont charmants : une fille d'une vingtaine d'années et un fils d'à peu près 18 ans avec un handicap mental. Lorsque je les rencontre, ils accueillent déjà les chefs du club de golf du village, ainsi que l'apprenti norvégien venu pour apprendre auprès d'un maître de la sellerie ce métier fascinant. Cet environnement me plaît, alors je ne réfléchis pas trop et j'emménage quelques jours plus tard.

Petits boulots

Janvier 1997

Mes premiers soirs à Woldingham sont intéressants : mon anglais s'améliore vite grâce à mes colocataires et les soirées interminables à parler de tout et de rien. Deux de mes colocs étant chefs cuisiniers au golf le plus proche, je découvre les plats traditionnels anglais, le *livers and bacon* [1], le *shepherd's pie* [2]. Honnêtement, je trouve vraiment injuste que la gastronomie anglaise ne soit pas, à cette époque, très réputée… Je m'en régale, ou alors peut-être que j'ai juste vraiment faim.

Je passe mes journées au magasin dans un ennui total, seul au beau milieu de ces robes aux prix exorbitants. Je ne comprends absolument pas le concept de cette boutique dont je dois tenir les rênes. Je pense avoir eu peut-être deux clientes au total, non pas par jour, ni par semaine, ni par mois, deux

1. Plat traditionnel anglais au foie et au bacon.

2. Plat traditionnel anglais composé d'une tourte à la viande avec une croûte de pommes de terre.

clientes au total… Et je pense que les deux clientes ont sûrement trouvé mon accent charmant, car ma capacité à accessoiriser une robe avec les « bijoux » maison fut, avec un peu de recul, une attaque frontale à toutes les règles du bon goût… *Nevermind*, comme disent les Britanniques, les deux fois les factures furent corsées, les clientes repartirent avec leurs « total looks », et je n'ai pas cherché à comprendre.

Au bout de quelques mois, je vois bien que les propriétaires commencent à douter du choix de leur gérant. Et les choses se sont nettement compliquées le jour où est arrivée la facture de téléphone. Ils m'appellent, un peu énervés, et me demandent si j'ai déjà entendu parler d'un objet à porter au poignet qui sert à lire l'heure… Vexé par ce que je pense être un besoin de m'expliquer les choses bêtement à cause de mon anglais balbutiant, je leur réponds froidement que oui, bien sûr, je sais ce qu'est une montre, même si je n'en porte que rarement. Ils me somment alors de m'en acheter une, et poursuivent en me disant que les 300 pounds (à peu près 350 euros) seront sûrement déduits de ma paye. Je comprends soudainement que mon anglais n'est pour rien dans leur agacement : effectivement, par ennui, j'appelle chaque jour le numéro de l'horloge vocale de British Telecom à une fréquence record. Je ne vendais que très peu de robes, mais vous pouviez passer par la boutique pour me demander l'heure à tout moment, j'étais d'une exactitude sans faille…

Au-delà du manque de clients et de l'ennui, le salaire est bien sûr proportionnel au succès de cette petite entreprise et ne me suffit pas à payer mon loyer ni me nourrir. Mes parents m'ont donné une carte de crédit avant de partir, et je me force à ne l'utiliser que pour des choses importantes ou en cas d'urgence… Alors je multiplie les petits boulots. Un jour, on me propose de travailler en forêt ; je suis ainsi devenu bûcheron – oui, vous avez bien entendu, bûcheron – pendant plusieurs mois. Je n'ai jamais vraiment partagé cette histoire tellement le récit en est improbable : vendeur de robes à mi-temps, bûcheron le reste du temps et danseur à mes heures perdues. Soyons honnête : je pense que le terme de bûcheron ne s'applique pas aux branches, que dis-je, brindilles que je récoltais, mais c'est bien ce que ma fiche de paye déclarait : « Chris Marques, *lumberjack* ».

Je dois vous avouer être assez mal à l'aise face aux animaux et vous imaginez bien le nombre de petites bestioles que j'ai pu rencontrer en forêt. Souvent, le soir, je rentrais à vélo à travers un sentier battu qui descendait tout droit et m'évitait un détour de plusieurs kilomètres. Il me suffisait de traverser la forêt. Mais en hiver à 21 heures il fait très, très noir. Un soir, je dévale la pente à pleine vitesse et aperçois deux points jaunes, lumineux, sur le bas-côté. Les deux points me poursuivent ! Je commence à accélérer. Éclairé par ma lampe de vélo, je ne vois plus très bien, mais je sens quelque chose courir derrière moi. J'accélère encore et je ne sais pas trop comment, je décolle et me retrouve en vol plané, sans casque. Je m'écrase au sol, glisse et termine ma course dans un fossé. À ce jour, je suis persuadé d'avoir croisé un lion des montagnes, une bête féroce que j'ai pu, grâce à Dieu, intimider par ma présence. Mes colocs et tout le village me disent que j'ai sûrement fait peur à un lapin. Je suis bien sûr un peu déçu de la vision réductrice de mon entourage de cet instant de vie formateur et révélateur de mon courage. Je suis donc heureux de pouvoir aujourd'hui rétablir la vérité ! Si vous ne vous souvenez que d'une chose sur moi à la fin de cette histoire, rappelez-vous que j'ai affronté un lion des montagnes, un puma.

Woldingham est un village un peu isolé, mais assez proche de Londres. Cependant, je n'ai pas le permis, et utiliser les rares trains de campagne qui s'y arrêtent pour aller m'entraîner le soir puis rentrer est pénible. Souvent, je pars danser après une journée en forêt ; j'ai froid, un peu mal partout. Mais j'ai tellement hâte d'y être que j'y vais heureux, quels que soient les périples logistiques.

Mais la vie n'est pas tous les jours facile. Je me souviens d'un soir où, après une journée entière en forêt, j'ai enchaîné une heure de train pour aller à l'entraînement, quatre heures de danse puis retour au bercail. Quand je me couche, j'ai froid, mon corps a mal – le bon mal de l'après-danse. Le Velux au-dessus de mon lit me laisse admirer la lune. Je m'endors emmitouflé et vêtu de plusieurs survêtements. Quelques heures plus tard en pleine nuit, je rouvre les yeux, agacé par les gouttes de pluie qui me tombent dessus par le Velux défectueux. Les gouttes se font plus nombreuses, la fenêtre ruisselle. Ce soir-là, je ne me déplace pas, je reste immobile, et je pleure. Comme si, d'une certaine façon, je méritais cet instant pour avoir voulu croire à ma belle étoile.

Ce soir-là, loin de ma famille, je pleure de solitude et d'incertitude.

Jaclyn Spencer

Mars 1997

Pendant ces premiers mois en Angleterre, je m'épanouis en tant que danseur. J'ai la chance de m'entendre avec Candice, ma partenaire, et découvre peu à peu le milieu de la danse anglaise. Je cherche ma place, mais j'essaye aussi de ne pas me poser trop de questions et de m'engager corps et âme dans les compétitions pour gravir les échelons du milieu. La logistique est pesante, mais j'avance. Tout vient à point à qui sait attendre, mais je suis impatient.

Un jour, Candice m'apprend qu'une compétition importante du calendrier arrive : elle se déroule à Southall, en banlieue londonienne. Lorsque vous arrivez là-bas, vous êtes tout d'abord surpris de voir que les panneaux sont écrits en anglais et en punjabi. En effet, Southall est également connue sous le nom de *Little India* (Petite Inde), car une communauté très importante d'Indiens et de Pakistanais y vit. Les restaurants, les magasins de vêtements et d'alimentation sont tenus par les immigrants ou leurs descendants, et les saveurs et les couleurs de Southall sont une attraction à ne pas manquer durant une visite à Londres, bien moins chère qu'un billet d'avion pour Delhi ou Karachi !

Je ne sais pas pourquoi, mais je me suis senti à l'aise tout de suite. La communauté indienne et pakistanaise est chaleureuse, pleine de vie… Quelle bonne surprise en plein milieu de la mégapole anglaise ! Je dis cela, mais je dois admettre avoir découvert que les Anglais sont également chaleureux et drôles, très loin du cliché qui les décrit comme froids et distants. Mais je vous en parlerai sûrement plus tard.

Cette compétition est importante. Il faut que nous réussissions à nous imposer face aux autres couples anglais pour avoir une chance d'être à la hauteur des compétiteurs internationaux que nous allons affronter plus tard dans le calendrier.

Comme pour chaque compétition, nous arrivons tôt à la salle. Les meilleurs couples d'Angleterre, d'Écosse, d'Irlande, du Pays de Galles, sans oublier d'Irlande du Nord, sont là, tous fin prêts à danser sur des cha-cha-cha, des paso-doble ou des valses viennoises en plein milieu de la Petite Inde. Nous humons l'atmosphère afin de trouver nos marques dans cette ambiance particulière. Nous nous échauffons, vérifions si nous avons l'adhérence adéquate pour danser sur le parquet – trop glissant, nous manquerons de rapidité ; trop d'adhérence, et nous risquerons de manquer de fluidité –, et nous vérifions nos entrées et sorties de piste. En attendant notre passage, je patiente dans le hall d'entrée. Je suis calme, mais à l'approche de mon tour, je commence à ressentir l'adrénaline, mon cœur se met à accélérer, quand je vois une fille sortir des vestiaires. Robe bleue, yeux assortis, cheveux roux, elle est si belle… Elle ne me voit pas la regarder, tandis que moi, j'en oublie ce que je fais là. J'ignore qui est cette fille aux cheveux rouges, mais je dois le savoir. J'entends Candice m'appeler ; il est temps de danser. Notre passage est le suivant. Je suis prêt. C'est parti.

Pendant une de nos danses, je suis distrait par la fille aux cheveux rouges qui est aussi sur la piste. Elle danse si bien… Comment est-il possible que je ne l'aie jamais vue ? Jamais pendant les répétitions et jusque-là jamais en compétitions non plus. Avec un niveau pareil, il ne s'agit pas d'une inconnue, c'est une danseuse de très haut niveau.

Je comprends très vite qu'il s'agit d'une danseuse absolument incroyable, puisqu'avec son partenaire ils raflent la victoire ce jour-là. Après la remise des prix, je la cherche. Que lui dire ? Je verrai bien le moment venu… Trop tard, elle a déjà quitté les lieux. Une partie du mystère est cependant résolue, puisque j'apprends qu'elle est basée à Southport et qu'elle s'entraîne dans les salles du nord de l'Angleterre, entre Liverpool et Manchester. Je ne risquais pas de la croiser à Londres…

Un de mes amis la connaît, je demande son nom : Jaclyn Spencer, à prononcer Jacqueline, mais écrit à l'américaine… « La classe à Dallas, quoi. »

Les mois passent et je ne revois pas Jaclyn. Ma situation financière devient difficile : passer mes journées à vendre des robes (enfin essayer…) et à travailler en forêt ne me rapporte pas assez. De plus, j'ai consommé le crédit de la carte bancaire que m'ont donnée mes parents. Je suis venu à Londres pour danser, pas pour m'épuiser à autre chose, et je suis physiquement et moralement à bout. J'en ai assez. Les parents de Candice aimeraient que nous prenions plus de cours, mais je n'y arrive plus du tout financièrement, j'ai souvent faim, souvent froid. Si ça continue, cette histoire pourrait très mal finir.

Ça suffit. C'est décidé : je rentre à la maison, retour à Colmar.

Semley

Avril 1997

Mon retour à la maison fait plaisir à mes parents, même si je les ai mis dans une situation financière plus que délicate. Les premiers jours sont un mélange de honte, comme si j'avais échoué, et de soulagement. Dormir dans mon lit, au sec, manger à ma faim, être avec les miens, je me sens de nouveau en sécurité. Même si je ne me suis jamais senti en danger en Angleterre, les situations auxquelles j'ai été confronté m'ont parfois inquiété. Il est si facile de se retrouver à la rue, d'en devenir un membre permanent, de rater une nuit, de rater une douche, de ne plus avoir un rond en poche, de ne pas manger… Tout va en réalité très vite.

Je ne peux cependant m'empêcher de penser à Londres. Je souhaite retourner danser, j'en ai besoin. Comment m'organiser pour que ma prochaine tentative ne tourne pas au fiasco ? Comment m'assurer de ne pas me perdre en route ?

Quelques semaines plus tard, Candice m'appelle et me demande de revenir au moins danser une fois avec elle à Blackpool, cette fois-ci pour le *British Open to the World*. Dans chaque catégorie, les meilleurs couples du monde entier se retrouvent pour désigner le champion de la saison. La demande de Candice n'est pas anodine : c'est également le meilleur endroit pour se faire remarquer et trouver un ou une nouvelle partenaire. Comme j'ai pu me requinquer et que je ne souhaite de toute façon pas abandonner, j'accepte, tout en me disant que cette semaine de compétition doit me servir de tremplin, mais à une condition : que nous nous entraînions à Semley.

J'arrive à Londres deux semaines avant la compétition pour reprendre l'entraînement avec Candice. Nous essayons surtout de rattraper le temps perdu. Je dois être à la hauteur, il en va de mon avenir.

Semley, comme je vous l'ai expliqué précédemment, est une salle de répétitions, mais c'est bien plus que cela. Tout d'abord, les lieux sont tenus par Greg de Wet et Lydia Ungaretti, un couple de danseurs sud-africains. Lydia est devenue, au fil des années, la maman poule de tous les danseurs qui passent par Semley, elle conseille et écoute. Elle est d'une bienveillance remarquable, nous traite tous de la même façon et est notre *cheerleader* à tous, chaque soir. Greg, quant à lui, a le rôle premier de gérer la répétition, la *practice* comme les Anglais l'appellent. Ce qu'il faut savoir, c'est que, quelques semaines avant les grandes compétitions, les meilleurs couples du monde entier convergent en même temps vers Londres. Le soir, la salle devient une fourmilière : à chaque séance de répétitions se mêlent des Coréens, des Russes, beaucoup de Japonais, ainsi que de nombreux Européens avec une forte présence d'Italiens et d'Allemands. En moyenne, jusqu'à cent cinquante couples se regroupent rien qu'à Semley. Greg, notre meneur de jeu, cadre le tout. Il crée des passages d'une douzaine de couples, et tout le monde devient spectateur en attendant son tour. Lorsque vous vous élancez, je peux vous dire que l'adrénaline est palpable chez tous les compétiteurs, tous les artistes. Chaque fibre musculaire est travaillée dans un seul but, danser…

Je me retrouve donc à m'entraîner dans ce lieu qui m'a fait trembler la première fois que j'y ai mis les pieds. Cette fois-ci, je ne suis plus spectateur mais bel et bien participant. Ce qui est étrange, bien que nous soyons tous concentrés sur la compétition, nous sommes tous, avant tout, des danseurs, et je ne peux compter le nombre de compliments échangés par les « aînés », les stars, envers les plus jeunes. L'ambiance est saine.

Durant ces quelques jours de répétitions, je me sens passer à la vitesse supérieure. Mon corps commence à devenir partie intégrante de la musique, je ne suis qu'un instrument de plus. D'ailleurs, la musique, c'est ce qui m'a fait craquer pour Semley. Greg le gérant des répétitions, a également une autre casquette, celle de DJ. Mais sa mission est surtout de rendre aux danses latines leur authenticité.

Avant d'aller un peu plus loin, un peu d'histoire : comme j'y ai fait allusion auparavant, les danses latino-américaines ont été codifiées par les Britanniques. Pour l'anecdote, ils sont responsables de l'essor des danses et des règles, des danses de salon, mais ils étaient dirigés par un Français, né à Toulon en 1890, Monsieur Pierre. Après des études d'ingénieur, il travaille au consulat français à Liverpool puis à Londres, où il devient danseur professionnel. Une fois lancé, il se spécialise tout d'abord dans le tango argentin, la samba et le paso-doble. Plus tard, il découvre, durant un séjour à Paris, la rumba et en devient un des plus grands danseurs de l'époque. Quelque temps plus tard, après la Seconde Guerre mondiale, il décide avec sa partenaire de partir à Cuba pour approfondir ses connaissances. Quel choc lorsque, durant son premier cours dans une école de La Havane, ses professeurs de danse lui expliquent qu'il fait une erreur et qu'il n'est pas du tout en rythme. Il vient de découvrir que la rumba internationale est un système américain qui ne respecte pas les complexités musicales de la version cubaine. Il devient dès lors le promoteur de cette nouvelle rumba, qui se danse sur le second temps de la mesure, et non le premier. La rumba de Monsieur Pierre s'intègre mieux aux rythmes complexes de la musique cubaine et notamment des percussions de base, comme la *clave* cubaine.

Mais les *swinging sixties* et le disco ont métamorphosé la danse, la musique et tous les divertissements. Fini les salons de danse, bonjour les discothèques ; fini les danses de couples, on danse maintenant seuls… parmi la foule. Les compétitions de danse n'étant, d'une certaine façon, qu'un reflet de la société, les danses latines ont fortement changé durant les deux dernières décennies. Les danses deviennent plus linéaires, individuelles, on fait le show façon John Travolta. En somme, la danse de salon des années quatre-vingt devient du disco sur de la musique latine, et le danseur perd cette connexion assez intime établie lorsqu'on danse à deux.

Greg avait donc comme mission de retrouver la magie authentique des danses latines. Le premier pas vers ce retour aux sources est la musique. Longtemps dominée par les grands orchestres allemands et anglais, la danse latine nécessite des percussions plus complexes et Greg est l'un des premiers à proposer des vrais boléros, des cha-cha-cha ou des sambas aux compétiteurs pour s'entraîner. Il passe sa vie dans les magasins de vinyles à dénicher des perles rares. Il nous initie aux voix d'Omara Portuondo, Ibrahim Ferrer, et bien d'autres. À travers ses sélections musicales, il réussit à créer une telle atmosphère qu'il est dit que, pour voir les meilleurs danseurs de la planète danser à leur apogée, il faut les voir à Semley et non pas lors d'une compétition…

J'en suis sûr, j'ai fait le bon choix. Semley ne déçoit pas, et la magie qui y opère est difficilement explicable. C'est tout simplement un de ces lieux qui n'a de sens que pour ceux qui s'y trouvent. Mais je peux vous assurer qu'en vous en parlant j'en ai encore la chair de poule.

Les championnats *Open to the World*

Samedi 24 mai 1997

Blackpool… J'y suis. Ma toute première participation au championnat *Open to the World.*

C'est ici que les champions sont proclamés en tant que tels, c'est ici que la relève est dénichée, c'est ici où tout est absurde et magique en même temps. La compétition se tient dans le fameux *Empress Ballroom* des Winter Gardens, une salle connue de tous les Britanniques car on y retransmet souvent les grands meetings politiques.

Mais il s'agit également d'un lieu d'un autre temps. Construit en 1896, doté d'un plafond voûté somptueux, orné de moulures que l'on retrouve sur les balcons et les colonnes qui entourent un parquet de bois massif gigantesque, le tout est éclairé par une douzaine de lustres majestueux.

Les adjectifs ne suffisent pas à décrire cette salle de bal ni l'effet qu'elle a eu sur moi la première fois. Je m'en souviens comme si c'était hier.

Durant le Festival de Blackpool, on croise partout dans la rue des danseurs de toutes les nationalités ; quasiment tout le monde se connaît, de près ou de loin. Les danseuses sont souvent maquillées et coiffées, prêtes à danser, les hommes ont tous le teint de peau bronzé (enfin orangé). Les femmes comme les hommes sont sculptés, uniformisés. Dans la rue, on reconnaît d'un clin d'œil, même si vous n'êtes pas spécialiste, que les danseurs ont envahi Blackpool le temps d'une semaine.

On accède au *Ballroom* en descendant d'un étage. C'est un détail certes, mais qui accentue réellement l'impression d'entrer dans un univers à part. Tout le monde est conscient de l'impact qu'un bon résultat à Blackpool peut avoir sur l'avenir d'un couple n'importe où dans le monde. Pour beaucoup, comme les danseurs de l'ex-bloc soviétique, la danse est réellement une opportunité majeure, ici on a le pouvoir de changer sa vie. Tout cela pour vous dire combien ces milliers de festivaliers prennent cet événement au sérieux.

La première fois, ma première fois, je descends l'escalier alors qu'une compétition pour une autre catégorie d'âge bat son plein. Ils en sont à la rumba. L'orchestre de Blackpool est l'un des éléments qui rend cet événement magique. Je l'entends encore jouer dans ma tête comme si c'était la première fois. Ils jouent une version rumba de *L'Amour en héritage* de Vladimir Cosma. J'en ris tout seul : j'aurais pu vous vendre du rêve, avec un titre *caliente* de Ruben Gonzalez comme *Chanchullo*, ou bien de la reine Celia Cruz avec son hit planétaire *Guantanamera*, mais non, c'est bien du Nana Mouskouri vintage que les Anglais trouvent cool pour danser la rumba… Mais à Blackpool, dans l'*Empress Ballroom* durant le *British Open*, tout le monde tombe sous le charme de cette réalité alternative qui n'a aucun sens, mais qui le temps de quelques jours permet à une communauté de parfaits inconnus, venus des quatre coins du monde, de se réunir, de partager.

C'est un monde bien étrange. C'est un monde auquel je dois beaucoup. Beaucoup.

Soudain, je la vois. Elle est là, Jaclyn, la petite rousse aux yeux bleus, encore plus belle que la dernière fois, toujours un sourire aux lèvres. Cette fois-ci, je ne raterai pas ma chance de la rencontrer, de plus elle danse avec un danseur anglais avec qui j'ai déjà sympathisé !

N'oubliant pas pourquoi je suis venu, je me concentre sur ma compétition : il s'agit de l'*Open to the World* des moins de 21 ans en latines, soit les meilleurs couples au monde dans la catégorie des moins de 21 ans section « Danses latines américaines ». Avec Candice, nous nous sommes préparés aussi bien que possible, il ne reste plus qu'à y aller.

Tout d'abord, il y a les premiers tours durant lesquels nous passons en groupes d'une vingtaine de couples en même temps. À peu près trois cents couples sont présents. Depuis mes toutes premières compétitions en France, j'ai toujours eu la chance de me sentir bien sur la piste comme sur la scène – il n'y a rien de pire que de voir certains de mes amis pétrifiés à l'idée de s'élancer. Je ne doute pas, je trouve le couple le plus impressionnant ou le plus médaillé de mon passage et me positionne à ses côtés – tant qu'à faire, autant se comparer aux meilleurs –, je n'ai jamais aimé me cacher pour mieux survivre. Ce jour-là, je n'ai que l'embarras du choix : les champions nationaux sont partout, et les champions du monde en titre sont là eux aussi.

Nous dansons notre premier tour comme si notre vie en dépendait. Cha-cha-cha, samba, rumba et paso-doble sont les danses qui nous permettent d'accéder à la finale durant laquelle s'ajoute le jive. Un tour est constitué du passage de tous les couples encore en compétition sur toutes les danses ; le tour peut donc durer plus d'une heure si deux cents couples concourent ce jour-là, le temps d'exécuter toutes les danses ! Au terme de ce premier tour, la moitié des trois cents participants sont éliminés. Nous sommes rappelés au deuxième tour. Motivés, gonflés à bloc, nous prenons cette première sélection comme le signe que la journée va être longue. Nous serons les révélations internationales de l'année, nous sommes prêts. Nous y avons cru… Jusqu'à l'élimination au tour suivant. L'aventure fut courte.

La compétition terminée, je remarque un petit attroupement d'amis. On me fait signe d'approcher. Le groupe s'écarte, Jaclyn est là. Elle et son partenaire se sont qualifiés pour les huitièmes de finale ce jour-là. Elle se présente, j'arrive à peine à articuler mon nom, mais le courant passe. J'essaye tant bien que mal d'échanger des plaisanteries. Je suis réellement sous le charme : elle est drôle, un sourire pas possible, des yeux dingues, mais (et c'est bien le seul défaut) elle a un accent de Liverpool absolument incompréhensible…

Après cet échange, nous ne nous sommes quasiment plus quittés de la semaine : nous avons profité des attractions de Blackpool, de la fête foraine, tout en commentant les résultats des compétitions chaque jour. Nous sommes très différents, mais le contact est facile. J'en oublie presque qu'à la fin de la semaine c'est le retour en France pour un avenir encore inconnu…

Retour à l'usine

Colmar, juin 1997

Après Blackpool, je quitte l'Angleterre, un peu surpris de la difficulté que j'ai eue à dire au revoir à Jaclyn. Je suis immédiatement tombé fou amoureux d'elle. Je ne me l'explique pas, on se comprend à peine, et pourtant…

Je décide de passer l'été à travailler pour financer la prochaine étape : m'établir de façon stable au Royaume-Uni. Après avoir dégoté un contrat d'été dans l'usine où travaillait ma mère, je décide d'approcher celle de mon père, Rhénalu, du groupe Cegedur-Pechiney. Je dois y travailler en équipe de nuit, les salaires y sont plus élevés.

La société se spécialise à l'époque dans les bobines d'aluminium, soit pour la construction d'avions, soit pour l'industrie de l'emballage alimentaire. J'ai rejoint une équipe intéressante, sur une machine qui s'appelle le L8. Les machines sont aussi grandes que des immeubles et ont toutes des fonctions précises ; celle à laquelle je suis assigné est d'une complexité incroyable. Lorsque, le premier jour, je suis déposé par mon responsable au pied de la machine, et étant curieux de nature, j'inspecte cette structure haute d'une dizaine de mètres. Je crois comprendre que le but de cette séquence est d'affiner les plaques de métal en feuilles bien plus fines qui sont, au bout de la machine, enroulées en bobines.

Je vois au départ de la chaîne qu'une cascade d'eau vient tomber sur le métal. Très cool à regarder. C'est bruyant, chaotique, il s'en dégage une odeur un peu forte, mais je trouve tout cela très ingénieux : puisque l'action d'affiner ce métal doit générer une chaleur intense, refroidir l'acier avant est très malin. Je vous le dis, il m'en faut peu pour être fasciné… Je suis quasiment le nez dans l'eau pour essayer de comprendre comment est alimentée cette cascade, avant que le métal file à une vitesse vertigineuse sous mes yeux.

Jusqu'au moment où retentit une sirène assourdissante. La sonnerie d'alarme est lancée, il faut déguerpir au plus vite. Avant même que je ne fasse un pas, j'entends dans le haut-parleur une voix qui s'adresse à moi : « Dégage, recule, vite, vite, recule de la machine… Mais quel abruti ! » L'abruti, vous l'aurez deviné aisément, c'est moi. Oui, quel est l'idiot qui ne reconnaît pas l'odeur du kérosène pur, et qui ne voit pas les panneaux « Danger de mort » postés un peu partout sur la machine ? C'est bien moi…

En fait, on m'expliquera un peu plus tard que la raison pour laquelle je n'ai vu personne autour de la machine, c'est qu'un centre de commande placé en hauteur est le seul lieu à partir duquel on peut la regarder en fonctionnement. Le kérosène ne sert pas du tout à refroidir le métal, mais à en faciliter l'affinement. Cette machine peut donc prendre feu à tout moment. Mes collègues ouvriers vont rire de mes premières minutes au L8 pendant tout un été.

J'ai tout de suite aimé la camaraderie en usine ; les ouvriers sont des gens sympas qui aiment transmettre leur savoir-faire. Depuis l'âge de 16 ans, tous les étés, j'ai eu la chance de travailler à la chaîne dans plusieurs usines, toutes dans des domaines différents : l'électronique chez Sony, la papeterie chez Centra et enfin la métallurgie pour Cegedur-Pechiney. Ce qui m'a toujours sauté aux yeux, c'est la contradiction entre ce qui est enseigné en cours d'économie sur l'ouvrier en usine (un savoir-faire limité et facilement transmissible) et la réalité sur le terrain. J'ai vu une intelligence, une ingéniosité et un savoir-faire souvent difficiles à expliquer. Je me souviens par exemple d'un de mes responsables de machines chez Rhénalu ainsi que de mon père qui étaient tous deux capables de regarder une bande de deux mètres de large défiler à une cadence de plusieurs mètres par seconde et arrêter la machine d'un coup car ils avaient aperçu un défaut de fabrication qui ne mesurait que quelques millimètres. En effet, un défaut dans le métal qui a servi à construire un avion, à plusieurs kilomètres d'altitude, dans une cabine pressurisée, ou encore sur une canette de soda dans laquelle le contenu peut réagir avec les diverses couches chimiques de vernis sont deux situations au potentiel hautement dangereux. Nos ouvriers sont tout à fait conscients de l'utilité de leur travail. Et surtout ont le goût du travail bien fait.

Rassurez-vous, mon boulot sur toutes ces machines est bien loin d'être important. Tout d'abord, je passe un permis chariot élévateur car les bobines d'aluminium peuvent peser plusieurs tonnes, et ensuite on me déploie sur les différentes machines. Une de mes missions préférées est de récolter les bobines vides laissées dans l'usine : je passe alors des nuits entières à rouler d'un bâtiment à l'autre en profitant des cieux d'été alsaciens, en pensant à l'année à venir en Angleterre qui sera, elle, bien différente de la première.

Back to London

Londres, août 1997

Après un été auprès de ma famille en France, je repars à Londres, cette fois-ci un peu mieux préparé. J'ai trouvé une jolie petite maison à louer à Biggin Hill avec Nicolas, un danseur français talentueux qui lui aussi souhaite vivre en Angleterre, toujours par l'entremise de Gaëlle et Éric. Il a le permis, et nous pouvons ainsi aller aux entraînements ensemble, exprimer nos frustrations et nous comprendre l'un et l'autre. Mais surtout, nous vivons cette aventure main dans la main. Deux amis qui prennent d'assaut un monde qui les fait rêver.

Je trouve un boulot qui s'accorde assez bien avec mon emploi du temps. On me propose de préparer les journaux du matin pour la société John Menzies Wholesale Plc, qui approvisionne quasiment tous les kiosques du Royaume-Uni. Les tirages sont réalisés vers minuit chaque jour ; ils sont ensuite triés et dispatchés dans de grands hangars vers 2 heures du matin pour une livraison à partir de 5 h 30.

Le travail de nuit me convient parfaitement puisque chaque soir, après mes séances d'entraînement, je suis remonté comme une pendule, une vraie pile électrique, alors autant en profiter.

Les centres de distribution se trouvent à Croydon, à environ 15 kilomètres de Biggin Hill. Lorsque je finis à 5 heures du matin, je rentre à pied : deux heures trente de marche. Mais j'ai un travail, je m'entraîne, j'ai un lit, tout va bien.

Durant les quelques mois d'été, Jaclyn m'écrit chaque semaine. Ses lettres me font un bien fou, je suis si heureux d'avoir de ses nouvelles. Quand je me réinstalle à Londres, Jaci (oui, c'est bien comme cela que ses parents l'ont épelé et cela se prononce bien Jackie !) est la première personne que je contacte. J'ai si hâte de la revoir. Même si elle est ravie de mon appel, j'ai tout de même droit à une remontrance carabinée. En effet, je me réjouissais de recevoir ses lettres mais ne lui en ai pas envoyé une seule en trois mois… Nombrilisme ? Égocentrisme prononcé ? Je mérite absolument toutes ces accusations, même si la raison de mon silence est bien plus une maladresse incontestable et un doute certain de l'intérêt que « l'autre » pourrait porter sur ce que j'ai à raconter.

Nous sommes enfin de nouveau ensemble, heureux, et surtout si excités d'enfin avoir le temps d'apprendre à nous connaître.

Après quelques mois à Biggin Hill, et sur la recommandation d'un de nos professeurs, Jaci et moi décidons de faire ce que l'on appelle un *try out*, un essai. Nous n'avons jusqu'alors pas du tout envisagé de danser ensemble, mais il est vrai que tout semble nous y inviter : nous avons une vision de la danse qui dépasse le cadre de la danse de couples, une approche de l'entraînement qui s'apparente au sport de haut niveau, et nous sommes vraiment complémentaires.

Je me souviendrai du moment où nous avons fait cet essai toute ma vie : tout à coup tout est devenu plus simple, plus rapide. Comme un déclic. Je réussissais enfin à danser à deux comme j'en ai toujours rêvé. Nous décidons donc de nous lancer et de nous engager dans un partenariat qui allait changer nos vies. Et qui dure encore aujourd'hui.

Chris & Jaci

Norbury, décembre 1997

Notre première compétition se tient dans quelques semaines. Cette fois-ci tout est différent : je danse avec une énergie nouvelle, j'apprends à une vitesse décuplée, je suis enfin en train de vivre le rêve qui m'a conduit à tout quitter. Jaci vit à Southampton, elle y avait déménagé pour son partenaire précédent. Elle habitait chez une amie danseuse et travaillait (comme sa mère avant elle) à la *Royal Bank of Scotland.* Son amie et elle parcouraient 260 kilomètres aller-retour chaque jour pour s'entraîner à Londres. Je faisais de même avec Nicolas, mais depuis Biggin Hill, à peine à 20 kilomètres.

Peu de temps après mon retour en Angleterre, nous décidons de vivre ensemble. C'est logique : nous avons horreur de nous quitter chaque soir et nous souhaitons nous donner corps et âme à la danse. Nous emménageons à Norbury, à quelques minutes de Semley. Ainsi, nous pourrons danser tous les soirs et être chez nous quelques minutes après.

Pour louer l'appartement, chacun d'entre nous doit payer un mois d'avance. Je me souviens d'avoir inséré la carte de crédit que mes parents m'avaient donnée un an auparavant, décidé à retirer l'argent en deux fois, puis de m'être ravisé et d'en retirer un peu plus au cas où et… de voir la carte disparaître à jamais dans la machine ! Et voilà, il n'y a plus de filet, plus de bouée de sauvetage. La banque a décidé qu'il était temps que je vole de mes propres ailes.

Nous louons un appartement modeste, avec deux chambres, que nous partageons avec un couple de danseurs portugais qui viennent d'arriver en Angleterre.

La bâtisse est une de ces fameuses maisons, identique à toutes les autres de la rue, qui m'ont tant surpris à mon arrivée un an plus tôt. Elle compte deux appartements, un au rez-de-chaussée et un autre au premier, le nôtre. Le quartier est, disons-le… populaire, fun, cosmopolite. Et facile à décrypter : on apprend vite à lire la situation autour de soi et à ne pas s'attarder quand les choses semblent s'envenimer…

Mais chaque jour apporte son lot de surprises. Une nuit, alors que nous étions couchés depuis plusieurs heures, nous entendons des cris, des bruits de moteur, bref un vacarme absolument énorme. Nous sortons de notre chambre et trouvons l'appartement éclairé de lumières clignotantes bleues et rouges. Je m'approche de la fenêtre. Là, sous mes yeux, une trentaine de policiers encerclent la maison d'en face, armes pointées vers la porte. Je n'arrive pas à croire à ce qui se passe sous mes yeux tellement la scène semble sortie tout droit d'un film. Je m'accroupis et observe le reste de la scène. Peu à peu, Jaci et nos colocataires viennent me rejoindre. Avant Netflix et *Narcos*, il y avait… la vraie vie ! Nous passons quasiment tout le reste de la nuit à regarder cette scène et comprenons après quelques heures que notre voisin d'en face est en fait un dealer à la tête d'une petite armée qui s'occupe d'approvisionner toute la banlieue sud de Londres… Sympa, les voisins !

Quelques jours plus tard, c'est au tour de notre voisine du rez-de-chaussée de nous faire « découvrir » son univers. Très sympathique lorsqu'on se croise, elle est néanmoins timide. Avant de vous en dire plus, il faut que je vous précise que, dans ces maisons, les cloisons sont si fines que pour se faire entendre d'une pièce à l'autre, il suffit de parler normalement. Les murs, si on peut les appeler comme ça, ne sont que du papier peint durci. Je vous livre cette précision, car, bien que timide, notre voisine est plutôt sonore durant ses ébats amoureux. Nous sommes donc tous assez surpris de l'entendre, plusieurs fois par jour, nous révéler l'intensité de sa vie amoureuse…

Mais un soir, la porte de son appartement claque et une voiture démarre en trombe dans la foulée. Quelques minutes plus tard seulement, la même voiture revient et manque de peu de s'encastrer dans la maison. Le chauffeur se met alors à hurler et taper sur la porte de la voisine. Inquiet, je descends immédiatement. Mais dès qu'elle m'ouvre, ma voisine tout comme l'homme à ses côtés se confondent en excuses pour le bruit et me promettent que tout va bien. Quelques secondes plus tard, alors que je suis remonté chez nous, j'entends le bruit d'assiettes et de verres qui se brisent et des hurlements. Ils sont apparemment en pleine bagarre ! Puis, avant même que je puisse redescendre, j'entends déjà la voisine qui reprend ses vocalises de Castafiore. La réconciliation sur l'oreiller après cette engueulade magistrale a l'air de lui plaire…

Nous apprendrons quelques jours plus tard que son amant ce jour-là n'était autre que son proxénète et qu'il s'agissait bien de clients qui défilaient chaque jour chez notre chère voisine.

Voilà où nous vivons à l'époque : entre les dealers et les prostituées. Et nous sommes très heureux.

Je continue à trier les journaux de nuit ; Jaci, elle, a réussi à se faire transférer dans une agence locale de la banque. Un jour, mon colocataire Armando me demande de l'aider à trouver un boulot. Je lui propose de faire comme moi ; la société pour laquelle je travaille a toujours besoin de monde, c'est facile. Je lui donne donc rendez-vous après notre répétition, à minuit, sur la grande artère de Norbury, London Road, juste devant l'agence d'intérim qui s'occupe de moi.

Comme d'habitude, le van chargé de nous emmener au hangar de triage chaque nuit arrive pile à l'heure. Je vois une panique immense s'inscrire sur le visage de mon ami portugais. Il devient blanc comme un linge. Je ne comprends pas tout de suite ce qu'il lui arrive ; je me dis qu'il est sûrement fatigué de son entraînement et que les couleurs vont revenir.

Une quinzaine de minutes plus tard, il me demande en portugais, à voix basse, si je suis sûr que tout va bien se passer. Je lui réponds que oui, bien entendu. Je ferme les yeux, pour récupérer un peu avant notre arrivée, et somnole le reste du trajet. Soudain, je comprends les raisons de son inquiétude : nous sommes assis à même le sol, à l'arrière d'une camionnette de livraison, sans aucune marque apparente, avec six autres travailleurs issus des pays de l'Est qui ne parlent pas bien l'anglais. Je n'ai même pas l'adresse exacte de notre destination ! Vu sous cet angle, ce n'est pas très rassurant. Mais il faut bien travailler, et cette fois-ci, je ne laisserai rien m'arrêter. Armando, lui, après sa première nuit, décide qu'il n'est finalement pas fait pour les journaux…

L'avantage de s'entraîner à Semley tous les soirs est que Jaci et moi commençons peu à peu à faire partie de la communauté. On rencontre d'autres passionnés et, comme notre appartement n'est pas très loin, nous sommes souvent les hôtes des *afters*, lorsque je ne travaille pas. Lors de ces soirées, nous pouvons passer des heures à discuter des dernières tendances, des nouveaux styles de chorégraphie et débattre du mérite de telle ou telle approche…

Les semaines s'enchaînent et les compétitions nous permettent d'apprécier l'état d'avancement de notre travail. Nous sommes respectés par les autres compétiteurs, même si nous sommes très irréguliers dans nos performances. Nos professeurs s'accordent sur le fait que nous sommes talentueux et pleins de promesses, mais ils nous reprochent d'être trop latins, de dégager trop d'énergie, trop de rythme. C'est étrange à entendre pour moi. Je pense que la danse est censée me donner l'occasion de m'exprimer, de vibrer comme aucune autre activité ne me le permet. En réalité, la compétition a un impact gigantesque sur la danse telle que je l'envisage. Je danse car j'aime ressentir le rythme de la musique, la beauté d'un cha-cha-cha bien dansé est intérieure pour moi. J'aime le chaos organisé que les différentes percussions créent dans mon corps : les pas qui viennent accentuer le rythme, le corps qui est littéralement tiraillé dans tous les sens par les extensions de bras, ou le travail du centre. Quand tout fonctionne, le corps entre dans une cohérence polyrythmique et soutenue. C'est vrai, de l'extérieur, cela peut paraître désordonné, irrégulier, comme une improvisation de jazz incomprise par le néophyte. Dans les moments de grâce la musique n'est plus extérieure, vous ressentez toute son énergie dans votre corps.

Cette approche ne fonctionne pas chez les Anglo-Saxons, pour qui la danse doit être rythmée… mais pas trop. La danse doit être composée de placements de bras et de lignes de jambes épurées, dans le but de plaire à un jury qui voit jusqu'à vingt-quatre, ou même trente couples en même temps sur la piste durant une compétition.

Je suis assez petit, j'ai une énergie explosive, mes qualités de danseur les plus remarquées sont mon rythme et mon dynamisme. Je ne mesurerai jamais 1,90 mètre, mais mes profs essayent tout de même de m'étirer comme de la pâte… Plus je me tiens droit, moins je ressens le rythme, mais on m'assure du contraire : je suis en train de créer le cadre à l'intérieur duquel tout sera bien plus « propre » et lisible. « *Are you sure ?* »

Ce que j'aime chez Jaci, c'est qu'elle explose d'énergie, dansant chaque mouvement comme si le reste ne comptait absolument pas. La technique ne l'intéresse pas plus que cela. Les mouvements d'avant ou d'après ne méritent aucune considération, seul le moment présent l'intéresse. Sur chaque pas, elle joue avec le déséquilibre au point de tomber, chaque mouvement de bras est puisé au fin fond de son dos… Elle est libre.

Mon approche du travail est cartésienne ; celle de Jaci est instinctive. Elle a déjà gagné des compétitions importantes et pourtant ni l'un ni l'autre ne s'inquiète de ses différences. Même si sur certains points techniques nous pouvons avoir les engueulades du siècle, rien n'est bien important la répétition une fois terminée. Nous avons encore beaucoup à apprendre, et nous avons surtout encore beaucoup à découvrir sur nous-mêmes. Danser seul est déjà une aventure complexe ; danser à deux, harmonieusement, est un défi de taille.

Radio Rentals

Mars 1998

Après quelques mois, nous commençons à adopter notre rythme de croisière. Nous nous améliorons, nous nous découvrons l'un et l'autre.

Un danseur irlandais avec qui nous sympathisons depuis quelque temps nous apprend qu'il a décroché un contrat avec Radio Rentals, une société qui loue de l'électroménager à des foyers modestes et qui possède des magasins dans toute la Grande-Bretagne. Cette société est tombée presque par hasard sur une stratégie marketing au potentiel énorme : après avoir organisé un week-end festif pour l'anniversaire d'une boutique ouverte depuis quelques années, ils découvrent une anomalie dans les chiffres. Mais l'erreur n'en est en fait pas une : en un week-end, ils ont réussi à réaliser le chiffre d'affaires d'un mois entier ! Ils décident de tenter de nouveau leur chance, cette fois-ci en ajoutant un DJ pour diffuser de la musique durant tout le week-end. Les résultats s'améliorent encore ! Finalement, ils enrichissent leurs festivités d'un couple de danseurs qui offre une performance toutes les trente minutes devant le magasin. La présence des danseurs a un effet raz-de-marée : la boutique réalise en un week-end le chiffre d'affaires produit habituellement en… six mois !

Démarre alors une opération lucrative pour les danseurs de Semley : la société en question a des centaines de magasins, et chaque semaine des dizaines de couples partent aux quatre coins du pays pour danser dans ces fameux Radio Rentals. Trois jours de danse, logés dans de jolis hôtels, et surtout très bien payés : chaque couple peut gagner jusqu'à 600 livres par week-end. C'est réellement une chance inespérée : plus besoin de travailler la nuit ! J'ose à peine le croire.

Notre premier week-end de travail est formidable : un hôtel 4 étoiles, un magasin énorme, une équipe dynamique… On ne peut demander mieux. Pour notre deuxième contrat, on nous envoie à Inverness, dans le nord de l'Écosse. Le magasin est si petit que l'on doit danser dehors, la rue est en pente, recouverte de petits pavés anciens. Personne ne nous a prévenus de ce dernier petit détail… Imaginez un instant. Comme stipulé, nous sommes en tenue de danse, donc je suis en costume, pas de problème pour moi. Mais Jaci, elle, porte des talons aiguilles et une robe de danse latine. Nous commençons à danser ; les passants s'arrêtent, jusqu'à bloquer la rue. Soudain, une goutte d'eau tombe sur mon visage, puis s'ensuivent de nombreuses autres, toutes douces. Nous ne nous arrêtons pas, puisque le gérant nous demande de continuer tant que les passants sont conquis… Quand, tout à coup, il commence à neiger ! Depuis ce jour, Jaci et moi pouvons fièrement dire que, pour notre art, nous avons dansé jusqu'en Écosse, dehors, sur des pavés anciens, sous la neige et la pluie !

Un autre week-end, nous arrivons tard dans la nuit à l'hôtel, en plein centre d'Édimbourg, la magnifique capitale écossaise. La réception de l'hôtel n'est pas très accueillante, mais cela fera l'affaire pour un week-end. Arrivés dans notre chambre, plutôt qu'un lit on découvre deux pièces énormes avec une vingtaine de lits simples les uns à côté des autres. Autant vous dire que j'ai compris ce soir-là pourquoi certaines personnes croient aux fantômes… nous n'avons pas fermé l'œil de la nuit !

Lors de l'un de ces événements à Manchester, je fais la rencontre d'un intervenant que je ne connais pas. Il est dans la cuisine, où il attend patiemment. On commence à discuter ; il est très sympa. On échange un peu sur nos vies : il se plaint des voyages à répétition que lui impose son métier, qu'il a l'impression de vivre dans les avions ; je lui dis que je comprends complètement, je ne supporte plus les voyages en train que nous devons faire chaque semaine… Bref, le gars est sympa. Je lui explique où se trouve le déjeuner prévu, une salade de thon conservée dans un Tupperware en plastique placé dans le frigo. Il peut se servir s'il a faim. Il me remercie, tout va bien.

Je remarque qu'il a une jolie montre, il me répond que c'est une Patek… J'explose de rire et j'ajoute : « Tu veux dire une “Patraque” ? » Comme si un artiste sous contrat avec Radio Rentals pouvait se permettre une montre de luxe… En prime, ma vanne est nulle puisque « Patraque » ne veut rien dire en anglais… Mais il sourit tout de même. Le prix de la montre pourrait sûrement racheter le magasin entier si c'était une vraie… Il est bon, lui ! Bref, le courant passe bien. Je le complimente sur la qualité de cette très belle copie. Il me regarde alors un peu surpris, se rapproche de moi en soulevant la montre et insiste : c'est une vraie « Philippe Patek ». Je regarde de plus près. C'est vraiment une très belle copie.

D'un coup, je me rends compte que, depuis ce matin, il y a beaucoup de sécurité en place et un peu plus de monde que d'habitude. Je me suis dit que nous commencions à faire effet… Mais je remarque que je suis seul avec lui dans la cuisine depuis trente minutes et que même le staff du magasin n'ose pas rentrer. D'ailleurs, où est Jaci ? Avant de partir, je lui tends la main.

— Je suis Chris.

— Salut, enchanté, moi c'est Ryan.

Je sors de la cuisine. À peine un pied dehors, je suis assailli par le staff et Jaci qui me demandent :

— Alors, il est comment ?

— Bah cool, il est sympa. Mais la salade de thon ne le branche pas trop, je pense…

— T'as proposé de la salade de thon ? À Ryan ? me dit le manager.

— Bah oui, il a le droit de manger comme tout le monde.

On m'explique enfin que Ryan n'est autre que Ryan Giggs, une légende du Manchester United, un dieu du foot. À Manchester, c'est une méga star.

Merde… c'était une vraie Patek.

Le championnat de Grande-Bretagne des moins de 21 ans

Octobre 1998

Jaci et moi travaillions d'arrache-pied pour préparer le championnat national de Grande-Bretagne, le *Closed British National* à Blackpool. L'année précédente, nous n'étions pas encore prêts, nous venions juste de commencer à danser ensemble et nous n'avions atteint que la demi-finale qui nous avait malgré tout donné de l'espoir pour le futur.

Mais cette année, nous sommes à même de présenter la danse telle que nous la concevons, nous nous connaissons, nos chorégraphies sont prêtes. Nous sommes si excités que même mes parents vont faire le voyage depuis Colmar pour assister à la compétition.

Nos entraînements se passent bien, mais nous avons toujours cette différente approche de l'entraînement qui mène à des frustrations fréquentes. Le souci est que Jaci souhaite s'améliorer en agissant, alors que, pour ma part, j'ai besoin d'analyser. La réalité est que chaque approche est valable mais nous n'arrivons pas à nous entendre sur la voie à suivre.

Je supplie Jaci de me faire confiance pendant les six prochaines semaines, jusqu'à Blackpool. Elle accepte. Commence alors une des périodes les plus excitantes de notre carrière. Sans les frictions liées à nos approches divergentes, l'obsession constante de l'amélioration nous transforme en peu de temps. Le moindre mouvement est discuté, la position de chaque membre affinée. L'intention de chaque geste est définie, nous sommes dans un processus de travail incroyable. Chaque soir, nous rentrons épuisés, mais réellement satisfaits de notre travail.

Je dévore des ouvrages liés à la préparation d'athlètes de haut niveau, et je suis fasciné par une technique en particulier, la visualisation. Rien d'ésotérique : la visualisation, d'après ce que j'en comprends à l'époque, n'est que l'acte de s'imaginer la performance finale aussi souvent que possible dans ses moindres détails pendant toute la période de préparation. Je demande donc à Jaci chaque soir, comme je le fais moi-même juste avant de me coucher, d'imaginer notre finale à Blackpool et de la danser dans sa tête. N'ayant trouvé que peu de détails sur cette technique, c'est un bon début.

La compétition approche et nous repoussons chaque jour les limites de chaque mouvement. Ne jamais céder à la facilité. Peut-on s'étirer un peu plus, contracter plus violemment, tendre un muscle plus qu'hier ? Je me rends compte pendant les répétitions que j'aime avoir la vision et la direction d'un projet. J'approche cette compétition comme un show : quelle émotion, à quel moment ? Quand impressionner, quand faire rentrer le public dans notre performance, comment créer un moment inoubliable ?

Jaci et moi prenons conscience que les concours furent un temps notre porte d'entrée dans le monde de la danse, mais que notre vision de cet art va plus loin et peut-être même s'oppose au concept même de la compétition. Mais pour l'instant nous avons un objectif, et nous ne nous permettons aucun détour, aucun doute.

Nos costumes sont prêts. Jaci opte pour une robe blanche ornée de cristaux Swarovski dorés, collés à la main, un par un. Aux pierres viennent s'ajouter des plumes de faisan aux tons naturels. Pour mon costume nous avons sélectionné une tenue de couleur marron, élégante. La réaction de nos amis durant les essayages nous conforte dans notre choix.

Le jour de la compétition approchant, mes parents arrivent à Blackpool. Je leur fais découvrir mon nouveau monde. Je m'amuse d'avance à l'idée de voir mon père réagir aux haricots blancs à la tomate servis le matin avec le café. Je suis si heureux de partager avec eux ma nouvelle vie. Je suis surtout anxieux de leur montrer que cela n'a pas été en vain. De leur côté, ils sont conquis par Jaci dès le premier jour – comment ne pourraient-ils pas l'être ?

C'est le jour J. Nous nous élançons sur la piste pour notre première danse, et tout fonctionne à merveille, il n'y a aucun doute. Je remarque les regards surpris des maîtres de la danse qui constatent que notre performance a gagné en constance, en raffinement. Nous passons les éliminatoires facilement. L'ambiance de la demi-finale est déjà survoltée : il ne s'agit que des championnats de Grande-Bretagne des moins de 21 ans, mais le public de Blackpool ne s'y trompe pas, quelque chose d'excitant se passe. Nous n'avons pas compris quoi, mais les spectateurs eux ont l'air d'assister à une finale de Wimbledon, la tension est palpable. Nous vivons notre compétition telle que nous l'avons prévue, à la fois décontractés et concentrés.

L'annonce des qualifiés pour la finale arrive. Nous attendons « gentiment » sur le bord de la piste, comme tous les autres demi-finalistes. En effet, les règles de la compétition sont claires : à Blackpool, les demi-finalistes découvrent s'ils sont qualifiés pour la finale durant l'appel à la finale.

« Et les couples qualifiés pour la finale du championnat britannique sont… »

Les couples sont appelés les uns après les autres, six couples au total. L'année dernière, à cet instant précis, c'était la fin de l'aventure pour nous. Les trois premiers couples sont appelés, puis le quatrième, le cinquième, plus qu'une place en finale… Je commence à douter… Quand le présentateur nous appelle enfin. C'est précisément à ce moment que Jaci et moi comprenons ce qui se passe : le public nous soutient, sans que nous nous en rendions compte, depuis le début de la journée. Nous sommes le choix officieux du public sans que cela n'ait, bien sûr, aucune incidence sur le jury. Il nous le fait savoir à l'annonce de nos noms par un hurlement réservé en général aux plus grands champions, sauf que nous ne sommes personne. Tout le long de cette finale, le public nous porte, soulignant d'applaudissements la moindre de nos actions, de nos interactions. Nous sommes si heureux : nos parents nous voient, ils nous voient réussir. Réussir là où personne ne nous connaît, réussir chez les meilleurs. Tout cela en valait bien la peine.

Avant la compétition nous étions censés prendre une sixième ou cinquième place, mais ce soir ? Quatrième ? Troisième ? Non, c'est impossible, les trois premiers couples sont installés depuis longtemps et font partie des équipes nationales qui représentent le Royaume-Uni.

Au terme du tour final, le couple gagnant, sans surprise, est annoncé. Puis arrive la deuxième position. L'animateur fait durer le suspense en annonçant qu'1 seul point sur 50 sépare le premier du deuxième couple.

« Et en deuxième position, Jaclyn Spencer et Chris Marques. »

J'ai rarement vu un public jaillir de son siège avec un tel enthousiasme. Ce soir-là, nous avons tout gagné : un public ravi, des parents fiers, un sens du travail récompensé. Honnêtement, aujourd'hui encore après tant d'années, ce championnat reste l'un des plus beaux jours de notre carrière à tous les deux.

La Silicon Valley, part 1

Décembre 1998 - début 1999

Après notre deuxième place – si je veux réussir dans ce milieu – il faut enfin me rendre à l'évidence : terminé les boulots d'appoint, je vais avoir besoin d'être stable financièrement. Les cours, les voyages, les compétitions, les costumes, l'année compétitive est un flux constant de frais et je n'arrive pas à y faire face.

J'ai toujours été intéressé par la science et la technologie. Adolescent, *Science & Vie Junior* puis ensuite sa version adulte étaient mes magazines de choix, et depuis 1995 les technologies de l'information sont en plein essor. Dans le *Financial Times*, les pages liées à la technologie étaient excitantes, pleines d'innovations quasi quotidiennes. Je feuillette les petites annonces et il devient rapidement évident que l'industrie informatique recrute beaucoup. Je décide de m'inscrire dans un cabinet de recrutement, et, après plusieurs tests d'aptitude, mon profil est envoyé à quelques-uns de ses clients.

Peu après, on me propose un entretien dans une petite société qui, après seulement quelques mois, affiche déjà un chiffre d'affaires avoisinant les 10 millions d'euros. Il s'agit d'un poste de vendeur de pièces détachées électroniques. Je serai chargé du secteur France, Espagne et Portugal.

Sauf que je n'y connais strictement rien en informatique... Comment vendre des pièces détachées si je ne sais même pas à quoi elles servent ? C'est la panique à bord. Je demande alors à Jaci de foncer chez le marchand de presse et de m'acheter tous les magazines informatiques en vente. Je n'ai que deux jours pour m'informer sur le sujet...

Arrive l'entretien. Première question :

« Savez-vous décrire les pièces nécessaires à la fabrication d'un ordinateur ? »

Je me lance alors dans une description complète de la fabrication d'une machine, décrivant exactement l'utilité de chaque pièce et l'ordre dans lequel il est préférable de monter la machine.

Seconde question :

« Voici une sélection de pièces dont vous venez de parler, savez-vous les distinguer ? »

Je m'exécute et décris chaque pièce et leurs fonctions.

L'entretien s'achève, je pense avoir réussi à sortir du lot de candidats qu'ils ont vus ce jour-là. C'est donc sans surprise que, quelques heures après, le poste est à moi. Je commence dès le lundi suivant avec un salaire de 1 000 livres par mois, à peu près 1 100 euros. Pour moi, c'est déjà quelque chose : un poste régulier, un bureau dans lequel je me rends tous les matins, plutôt que de danser dans la rue ou travailler toute la nuit… C'est génial !

Mes collègues de bureau sont drôles, je m'entends à merveille avec tout le monde et j'adore l'ambiance « start-up » (le mot n'existe pas vraiment encore à l'époque, mais c'en est bien une). Ils me confient que mon entretien a été un de leurs moments préférés du mois. Ils m'expliquent que, n'étant qu'une demi-douzaine dans la société, personne n'était formé en RH, et que par conséquent quelqu'un devait s'atteler à la sélection des nouveaux candidats aux postes de vente. Alex, le Danois chargé des pays nordiques, et Rakesh, l'Indien complètement fou de cricket, s'y sont collés. Ils m'avouent alors que j'aurais pu répondre n'importe quoi aux questions sur le matériel informatique… Ils n'y connaissaient strictement rien.

Je dois admettre que mon immersion rapide dans l'informatique me pousse à en apprendre plus. Je trouve les machines fascinantes et ne rate jamais une occasion de monter une machine de toutes pièces pour les collègues.

La vente de pièces détachées ne me fascine pas, mais établir un contact avec de grands groupes européens et de les compter comme clients m'intéresse. Un jour, nous recevons un lot de pièces très rares d'une grande marque. Je me souviens qu'un grand groupe portugais raflait alors tous les stocks sur le marché de ce produit. Je les appelle, leur fais une belle proposition et ouvre un compte pour le groupe portugais Triudus. Je reçois le montant autorisé de leur ligne de crédit : 250 000 dollars. Je venais sans m'en rendre compte de signer un des plus gros clients de la société sous les yeux ahuris de mon patron.

Je prends goût au métier de la vente. Je remarque qu'une présentation soignée de mes propositions ainsi que l'établissement de feuilles de calcul que j'avais préparées pour me tenir informé des fluctuations de prix sur le marché me permettent des ventes plus que correctes pour un débutant...

Quelques semaines plus tard mon directeur, Parthiv, un Indien de 28 ans au succès absolument incroyable, me fait part de l'un de ses problèmes : la société grandit vite et certains domaines sont à la traîne. Il m'explique que le site Web et l'image de la boîte ne sont pas du tout à la hauteur du chiffre d'affaires.

— Tu as des idées ? me dit-il.

— Tu sais, Parthiv, ça tombe bien, je suis capable de te créer le site de A à Z, en interne.

— Sérieux ? Il te faut quoi pour avancer ?

Je lui rétorque, sourire aux lèvres :

— Une augmentation.

— Combien ?

Il me paye 12 000 livres par an pour vendre des pièces détachées. Je lui réponds :

— 24 000 et je m'occupe du site.

— OK, tope là.

Je tombe des nues, je viens de doubler mon salaire.

Problème… je n'y connais rien en site Internet.

Solution : « Allô ? Jaci ? Va tout de suite chez le libraire et prends-moi tous les bouquins sur la création de sites Internet. Prends-moi tout ! Et pendant que tu y es, prends-moi aussi tout ce que tu trouves sur le marketing. »

Je découvre alors le code, la structure, les bases de données. Comme d'habitude, je ne sais pas dans quel pétrin je me mets, mais bizarrement l'information rentre toute seule. Je suis à l'aise dans l'univers logique du code. De plus, ayant eu une formation accélérée en composants informatiques, je ne suis pas uniquement dans l'abstrait, cela me permet d'avancer en confiance. Et je termine le site quelques semaines plus tard.

Burn the Floor

Avril, 1999

Après nos résultats de novembre, nous remportons quelques semaines plus tard *The Universal Championships*, une nouvelle compétition à laquelle des couples du monde entier participent, devant un jury sélectionné parmi les plus grands professeurs internationaux de danses latines. Nous devançons tous les couples de la dernière finale des championnats du monde. Un succès inespéré.

Cependant, malgré notre réussite, Jaci et moi commençons sérieusement à douter de notre place dans le monde de la compétition. Nous aimons la rigueur, la discipline du milieu, mais nous ne nous identifions pas aux spécificités de la danse de compétition : ce besoin de performer, de se vendre, de toujours projeter. La nuance, la recherche du mouvement intime, plus tendre, magique, n'existe pas. De plus en plus, la scène nous attire.

Comme le succès est au rendez-vous lors des compétitions, nous persévérons, mais le cœur commence à nous en demander plus. Comment aller plus loin ? Comment raconter des histoires ? Comment ne pas juste danser pour une place sur le podium ? Que vaut cette place ? Quel est notre avenir ?

En mai se tient, quelques semaines avant la grande messe du *British Open* à Blackpool, une compétition qui fait office de chasseur de talents. C'est un peu ce que sont les *Golden Globes* aux Oscars, le premier donne le « la » à toute la saison et souvent annonce la tendance des gagnants du second. Cette compétition s'appelle *The Imperial Championships.* Son comité organisateur est composé des plus grands noms de la danse sportive du monde entier.

Nous nous sentons agréablement prêts. Mon nouveau métier en informatique nous permet enfin de travailler avec une *dream team* de professeurs. Cette équipe est constituée de Donnie Burns et Gaynor Fairweather, les multiples champions du monde, ainsi que Shirley Ballas et son mari Corky, considérés comme étant les meilleurs coachs du monde, et enfin le Néerlandais Ruud Vermeij, le génie avant-gardiste, qui incorpore la technique de la danse contemporaine à la danse de couples.

En ce qui concerne nos entraînements, nous vivons un rêve éveillé. D'une part nous sommes surpris d'être acceptés par ces enseignants qui ne prennent que très peu d'élèves. Mais surtout nous sommes étonnés de la vitesse à laquelle nous accélérons notre apprentissage.

De suiveurs, nous devenons en quelques mois le couple à suivre qui repousse chaque jour les limites chorégraphiques.

C'est d'ailleurs un de mes défauts, j'ai alors tendance à changer nos chorégraphies jusqu'au dernier moment. C'est toujours frais, innovant… Mais pas toujours maîtrisé…

Nous remportons *The Imperial* haut la main, d'après les juges. À l'issue de cette compétition, nous sommes les favoris pour remporter le *British Open* une semaine plus tard, l'équivalent des championnats du monde. Qu'à cela ne tienne, nous sommes prêts.

Nous revoilà à Blackpool, mais cette fois-ci tout le monde nous connaît, nous sommes parmi les favoris du championnat. Assurer. Ne rien laisser au hasard, se mettre dans les meilleures conditions. Voilà notre credo. Ainsi, lorsque mes collègues m'apprennent qu'une masseuse affiliée au *Royal Ballet* a fait le déplacement et qu'elle pourrait s'occuper de moi le jour avant la compétition, je prends rendez-vous. Cela ne peut qu'être utile, ne serait-ce que pour rafraîchir les muscles après des semaines de répétitions intenses.

La compétition se rapproche, tout roule, les costumes sont superbes, nous avons une énergie de dingue… Dernière étape : se faire masser, dormir une bonne nuit puis tout donner. Après ma séance, la masseuse me propose quelques cachets à prendre. Je n'aime vraiment pas consommer de médicaments, je m'en passe autant que possible. Elle m'explique qu'il s'agit d'une plante, le kava kava, qui me permettra de détendre mes muscles et de me lever en pleine forme demain. OK, si c'est recommandé par une spécialiste, *why not* ?

Le reste de la soirée reste un mystère, je suis rentré, me suis couché à 19 heures et je ne me suis pas réveillé jusqu'à 9 heures le lendemain. Mais toute la journée suivante est étrange, je marche au ralenti, tout semble trop lent, les gens me parlent et tout est confus… Bref, je suis en train de faire une réaction étrange à ses fameuses gélules, mais je ne m'en rends pas compte. Cerise sur le gâteau : ce matin-là, Jaci se réveille avec le cou complètement bloqué, incapable de tourner la tête sans qu'une douleur incroyable se fasse sentir. Elle qui ne se plaint jamais crie de douleur…

Nous arrivons à la compétition en espérant qu'à la dernière minute notre instinct prendra le dessus. L'instinct ? Quel instinct ? Nous avons besoin d'un miracle, littéralement ! Entre moi qui semble tout droit sorti d'un documentaire sur les effets néfastes du cannabis et Jaci dont le cou a la flexibilité d'un parpaing… Le miracle n'aura pas lieu : nous sommes éliminés en huitièmes de finale. Cette année incroyable s'achève sur un échec retentissant. Mais ce fut pire pour Jaci ; moi, toujours sous l'effet du kava kava, j'ai mis deux jours à comprendre ce qui s'était passé…

Nous sommes déçus de Blackpool, nous avons honte, nous sommes persuadés que nous sommes responsables de cet échec, ces histoires n'arrivent jamais aux autres, c'est sûr.

Mais depuis quelques semaines Jaci et moi pensons à un autre projet qui nous excite au-delà de tout. Il y a quelques mois, Elton John a fêté ses 50 ans et organisé une soirée somptueuse. Il a demandé à mettre au programme une démonstration de danse de salon, dont il est absolument fan. L'organisateur a donc constitué une équipe de danseurs qui ont créé un show d'une quinzaine de minutes qui est devenu le clou du spectacle, tout le monde était absolument captivé par ces danseurs... Elton était aux anges. Se trouvaient parmi les invités ce soir-là Harley Medcalf, le producteur des tournées australiennes d'Elton, et bon nombre d'autres stars. Il a assisté à ce show et a découvert un monde qui lui était inconnu jusque-là. Il s'est demandé pourquoi cette forme de danse n'était pas plus représentée, la danse en couples étant pourtant une activité quasi universelle. Ce qu'il a vu durant cette performance, c'est que même un groupe de vétérans du showbiz, habitués à tout voir, est tombé sous le charme de ce groupe de danseurs.

Quelques semaines plus tard, c'est décidé, Harley souhaite développer un show sur la danse de couples qui fera le tour du monde et s'appellera *Burn the Floor*. Il engage alors les couples les plus aptes à capturer l'attention du public, les plus polyvalents, les couples bien plus intéressés par la scène que par la compétition. Sauf que nous passons pour le moment sous son radar, puisque nos résultats sont à leur apogée en compétition et que nous sommes encore « jeunes » puisqu'en catégorie des moins de 21 ans. Nous ne sommes pas dans la catégorie d'âge considérée comme expérimentée, capable de s'adapter à la scène.

Néanmoins, lorsque nous apprenons que ce spectacle est en préparation, que les danses iront du lindy hop au tango argentin, le tout conçu par un metteur en scène de génie, Anthony Van Laast, nous sommes convaincus qu'il s'agit là de notre futur.

Un autre élément nous séduit. L'idée d'appartenir à une troupe. La carrière d'un couple de compétition est d'une solitude infinie. J'éprouve, depuis tout petit, une sensation de solitude extrême. J'ai une famille joyeuse, bruyante, exubérante, qui s'aime. Et pourtant je ressens souvent cette solitude. La danse au début me permet de dépasser ma timidité maladive, mais je découvre qu'en excellant, on peut être admiré tout en conservant cette impression de solitude. Bref, appartenir à une troupe nous fait tous les deux rêver, s'exprimer au sein d'un groupe et non seulement seuls nous excite, les possibilités du grand show s'ouvrent à nous.

Il nous faut donc trouver le moyen d'être repérés par la directrice de casting… Nous prenons alors une décision qui va changer nos vies. Tous les jours, à 9 heures du matin, nous allons appeler la directrice de casting. Tous les jours.

Le premier pour nous présenter, le deuxième pour vérifier si elle avait bien reçu nos CV, le troisième pour voir si elle avait des questions sur le CV, le quatrième pour lui proposer de nous rencontrer. De fait, nous trouvons tous les jours une raison pour la contacter, parfois juste pour lui rappeler que nous sommes prêts à intégrer le show à tout moment. Elle nous répète à chaque fois : « *We have everyone ! The show has been cast.* ("Nous avons tout le monde, le casting est fait.") »

Cela ne nous empêche pas de la rappeler tous les jours suivants et ce pendant un mois entier. Pour deux êtres timides et d'habitude discrets, c'est un pas difficile à franchir, en tout cas dans nos têtes. Certains jours, nous l'appelions juste pour lui demander si elle allait bien, alors qu'on ne se connaissait même pas. Elle fut d'une patience infinie.

Un mois plus tard, elle décroche, une fois de plus. Elle nous salue comme d'habitude, mais cette fois-ci je crois entendre un vrai sourire dans sa voix. Elle nous dira ce jour-là : « *With so much determination who could say no ! You're in, don't call me anymore !* ("Avec tant de détermination comment pourrais-je vous dire non ? C'est bon, vous faites partie de l'équipe… Ne me rappelez plus !") » Elle explose de rire et raccroche.

Sonnés, nous restons assis à côté du téléphone pendant quelques instants avant d'exécuter la danse de la joie la plus énergétique jamais créée, quelques minutes avant que le chargé de production du spectacle nous appelle pour confirmer nos contrats. Nous sommes engagés.

Répétitions !

Juin 1999

Nous sommes convoqués une semaine après le début des répétitions. La directrice de casting, Lindsay Hillier Tate, nous a pris en tant que couple *swing*, c'est-à-dire que nous sommes là pour remplacer n'importe quel couple du spectacle en cas de problème ou accident quelconque.

Le travail a déjà commencé et nous devons rattraper ces premiers jours de chorégraphie. Un véritable baptême du feu. La troupe compte quarante-quatre danseurs parmi les meilleurs du monde. Nous sommes, de loin, les plus jeunes.

Le spectacle est mis en scène par Anthony Van Laast, un metteur en scène formidable dont vous avez sûrement vu le travail. Il a notamment chorégraphié les films *Mamma Mia !* ainsi que l'adaptation en prises de vues réelles de *La Belle et la Bête* de Disney en 2017. Mais l'équipe est complétée par des génies mondiaux à tous les postes techniques. La scénographie est signée par Mark

Fisher, à l'origine des sets des Pink Floyd pour leur tournée emblématique *The Wall*. De Lady Gaga à Madonna, les stars internationales se l'arrachent. Du *Cirque du Soleil* aux cérémonies d'ouverture des Jeux olympiques de Pékin, les événements planétaires n'ont qu'un scénographe, monsieur Mark Fisher…

L'éclairagiste n'est autre que Patrick Woodroffe. L'homme à qui les Rolling Stones font confiance depuis les années quatre-vingt pour leurs tournées. Plus tard, Woodroffe deviendra également l'homme qui mettra en lumière le dernier projet de Michael Jackson. *This Is It* devint le dernier concert du roi de la pop avant son décès, concert qui d'ailleurs sera complètement créé, mais qui n'aura jamais eu l'occasion d'être joué en public.

La musique n'en est pas moins choyée, aux commandes se trouve Stephen Brooker, qui est entre autres le directeur musical du film *Les Misérables*, ainsi que de sa version scénique du *West End* à Londres.

Et pour compléter l'équipe, Bonita Bryg. Un choix très intéressant puisqu'à l'époque elle est la styliste du boys band au succès planétaire Take That. Les producteurs Harley et son épouse Maria sont certains d'une chose : il faut que ce spectacle soit sexy, et les costumes de compétition sont une des raisons pour lesquelles la danse ne rencontre pas un succès plus large et populaire.

Nous nous rendons aux répétitions et d'emblée la cadence est infernale : arrivés au studio à 9 heures du matin, nous dansons toute la journée et quittons les lieux à 22 h 30, et ce sept jours sur sept durant un mois et demi. Peu importe, c'est exactement ce que nous cherchons. Nous avons tout plaqué pour participer à *Burn the Floor* : j'ai décidé de quitter de façon soudaine mon travail car cette tournée me semblait être l'opportunité de ma vie, de ma carrière, de notre carrière avec Jaci, et cette chance ne se représentera peut-être pas. Apprendre sans cesse, toute la journée, transpirer, mémoriser autant de chorégraphies en une journée qu'en quatre ans de compétitions nous conforte dans notre décision. De la street dance au lindy hop, nous devons apprivoiser ces nouveaux styles que nous n'avons jamais dansés. Sauf que nous devons également apprendre toutes les positions des autres couples au cas où. En réalité, Jaci et moi restons discrets, mais nous réussissons à rattraper notre retard dès le premier jour. De plus, les nouveaux styles nous conviennent bien, nos corps y réagissent comme si nous étions plutôt faits pour toutes ces danses alternatives plutôt qu'aux danses de salon.

En juillet, la période de création est presque finie, le spectacle promet d'être grandiose. Quelques jours plus tard, nous investissons un studio de cinéma gigantesque dans lequel le décor est monté, prêt pour les dernières répétitions.

Jolie surprise : Bonita la styliste nous a présenté nos costumes alors que nous ne sommes même pas sûrs de les porter puisque nous sommes les remplaçants. Elle est génialement *too much*. Elle me présente pour le final du spectacle une chemise blanche faite en papier, qu'elle a achetée une fortune à une marque de luxe.

Anthony, le metteur en scène, demande à toute l'équipe, après le déjeuner, de prendre place autour de lui sur scène. Il parle alors des semaines que nous venons de vivre, du travail accompli, de l'engagement dont chacun a fait preuve jusqu'alors. Il fait l'éloge d'un couple qu'il estime être sa « découverte » inattendue. Durant plusieurs minutes en présence de toute l'équipe, son assistante et lui se relaient pour expliquer combien ils ont été impressionnés par le talent et la détermination de ce couple. Toute l'équipe lance une volée d'applaudissements et de sifflements d'approbation.

Nous sommes en retard. Le déjeuner a pris plus longtemps que prévu et en tant que remplaçants nous devons laisser la place aux titulaires, mais seulement pour quelques minutes. Au loin nous entendons les répétitions avancer dans la bonne humeur, très bonne humeur même. Lorsque nous entrons dans la salle, toute l'équipe est sur scène, assise autour d'Anthony en train de hurler, d'applaudir. La porte fait un vacarme énorme en claquant dernier nous. Tout le monde s'arrête, nous regarde, et tous explosent de rire. Toute la compagnie est littéralement pliée en deux. Anthony et son assistante Nicola viennent de dire à toute l'équipe le bien qu'ils pensent de nous, mais personne ne s'est rendu compte que nous n'étions pas là. Bref, nous n'avons jamais entendu ce qui a été dit, sauf ce que les copains nous en ont dit, non sans un brin de jalousie…

Pour nous féliciter, Anthony nous demande de prendre la place d'un des couples pour les prochaines quarante-huit heures. Nous pourrons ainsi danser le show sur scène, en costumes. Même s'il n'y a pas de public, nous sommes plus qu'heureux !

Les répétitions en costumes se passent à merveille, l'adrénaline sur scène dépasse tout ce que j'ai pu vivre jusqu'à présent. Seul bémol, qui aurait dû être anticipé, le papier n'aime pas l'humidité, et je finis le spectacle avec des lambeaux de papiers collés à la peau, seuls témoins que j'ai démarré le final en chemise…

Je suis malade

Août 1999

Après les répétitions et les premières représentations, nous sommes en vacances jusqu'à mi-septembre, pour partir cette fois-ci sur la tournée européenne. Je ne sais pas ce qui se passe. Depuis que nous avons fini les répétitions, je suis cloué au lit, j'ai mal, partout, tout le temps, j'ai de la fièvre, mal à la gorge, au point de ne plus pouvoir m'entraîner. Le médecin me prescrit des antibiotiques, et ce pendant presque trois mois d'affilée. Je suis HS. J'ai l'impression que mon cerveau ne fonctionne pas comme d'habitude. Je ne comprends pas trop pourquoi je n'arrive pas à larguer cette grippe, cette angine, mais je ne me pose pour l'instant aucune question. Je me dis que c'est forcément passager, que je dois juste laisser passer ces quelques semaines… Alors je me repose pendant que Jaci s'occupe de moi.

En septembre, je reçois un appel de notre agent, qui nous dit ne pas avoir d'information sur la suite de la tournée.

Pourtant, je sais que tous nos collègues ont été contactés, ils ont même pour certains déjà reçu leurs billets d'avion. Je ne sais pas ce qui se trame, mais c'est étrange. Quelques jours plus tard l'info tombe. Malheureusement pour nous, le spectacle est déjà trop cher à tourner, et la tournée se fera pour l'instant sans remplaçants. Nous perdons en quelques secondes et sans indemnités le contrat qui allait nous faire vivre plus d'un an…

Je n'ose pas le dire sur le moment, mais je suis soulagé, même si je suis profondément déçu. Je n'arrive pas à me remettre de cette grippe estivale, mais d'autres symptômes viennent augmenter une liste déjà imposante. Depuis quelque temps, à la moindre différence de température soudaine démarrent une succession de symptômes qui me clouent au lit pour une semaine. À cela vient s'ajouter une sensibilité accrue au bruit. Me promener dans une rue marchande devient quasiment impossible. Le son des personnes qui discutent et les moteurs de voitures au loin représentent une torture sans fin qui, invariablement, m'oblige à me coucher, incapable de bouger.

Lorsque les crises sont à leur intensité maximale, la fièvre atteint jusqu'à 41 °C, les médecins anglais prescrivent des doubles doses de paracétamol et ibuprofène… Rien n'y fait. Les tremblements se transforment souvent en convulsions que Jaci essaye de contrôler tant bien que mal. Nos médecins anglais ne se déplacent pas – « Vous êtes jeune, ça va aller », répondent-ils.

« De la température ? Donnez-lui de l'ibuprofène. »

« Des convulsions ? Il a sûrement froid. »

Les réponses sont sans appel, indifférentes et impersonnelles.

À 20 ans, Jaci devient ma soignante. Sans avoir les armes pour se battre. Sans même comprendre quel est notre combat. Le système de médecine britannique est tel qu'il est habituel de voir un médecin différent chaque fois que vous allez au cabinet. Le médecin de famille existait il y a longtemps chez eux, mais dans la majorité des cas, il est désormais disparu. Nous sommes seuls face à cette maladie infernale, invisible et inconnue.

Je suis incapable de me déplacer pendant les crises, mais lorsqu'elles passent, j'ai l'air complètement normal. Mis à part les douleurs et le cerveau en compote, rien n'est visible à l'extérieur. Mais à l'intérieur, c'est l'enfer. Je ne dors plus comme avant, mes yeux se ferment, mais le cerveau est en éveil… C'est si bizarre. De toute façon, il est hors de question de se laisser abattre. Bientôt ça ira mieux.

La Silicon Valley, part 2

Octobre 1999

Nous n'avons pas le choix, le spectacle nous a remerciés, nous n'avons plus de rentrées d'argent, je dois retourner au boulot.

Lorsque j'ai quitté la société informatique pour partir en tournée avec *Burn the Floor*, mon patron et mes collègues ont été surpris. Ils ne savaient rien de mes aventures de danseur jet-setter international du week-end. Je ne leur avais jamais raconté que je dansais, je trouvais malvenu de dire à quelqu'un qui avait eu la gentillesse de m'employer que je n'étais là que pour financer ma vraie passion.

Quand je leur ai annoncé mon projet, ils m'ont laissé partir. La discussion fut assez comique :

— Je suis désolé, mais je vous présente ma démission.

— Quoi ? Mais pourquoi ?

— Je ne vous l'ai jamais dit mais je suis en réalité un danseur de danses latines, et je danse dans des compétitions de haut niveau, chaque week-end aux quatre coins de l'Europe.

Éclat de rire général.

— Où est la caméra cachée ?

Nous sommes restés en très bons termes, si bons que je n'hésite pas une seconde à les rappeler pour retrouver mon poste s'il est disponible. J'appelle la société et demande à parler à Parthiv. Je lui redemande si je peux revenir après mon échec. Sans aucune hésitation, il me donne rendez-vous au bureau le lendemain matin pour reprendre comme si ces quelques mois n'avaient pas existé. Il me prévient en revanche de m'attendre à être chahuté pendant quelques semaines. Ainsi, pendant un mois, je ne m'appelle plus Chris au bureau, mais Baryschnikov ou *Twinkle Toes* [1]. Ça me va, je prends.

En novembre 1999, je reprends mes fonctions au sein de la société comme initialement en tant que directeur marketing. Je récupère même mon salaire : 24 000 livres par an.

Un jour, autour d'un déjeuner, avec mon patron, nous discutons de l'importance de développer notre modèle, et du fait qu'à travers les nouveaux outils à notre disposition nous pouvons entrer en compétition avec les plus grands acteurs du marché. Grâce à sa capacité à sourcer des produits aux meilleurs prix, nous pouvons souvent nous

1. « Orteils scintillants ».

aligner avec nos compétiteurs, et de temps en temps proposer des offres imbattables.

Après avoir mûrement évalué le problème, nous nous résignons à devoir recruter en externe un spécialiste du commerce électronique. Nous embauchons un candidat diplômé d'Oxford, qui semble avoir réponse à toutes nos questions, une aubaine. Sauf qu'après quelques semaines il devient évident qu'avoir toutes les réponses théoriques à un problème n'est pas forcément un gage de résultat dans le monde réel. La nouvelle recrue n'aura duré qu'un peu plus d'un mois chez nous et nous revoilà au point de départ.

Parthiv me demande de prendre en main le projet. Je suis fasciné par la vitesse à laquelle les technologies de l'information accélèrent et changent notre quotidien, alors j'accepte. Il me demande mes conditions. 36 000 livres par an et une voiture de fonction.

OK, *deal.*

« Allô ? Jaci ? Va tout de suite chez le libraire et prends-moi tous les bouquins sur le commerce électronique ! Et pendant que tu y es prends-moi tout ce que tu trouves sur les technologies de l'information. »

Le lundi suivant m'est livrée à la maison une Vauxhall Vectra flambant neuve. J'ai oublié durant la négociation que je n'avais toujours pas le permis. Tant pis !

Doutes et incertitudes

Janvier 2000

Quand 2000 débute, j'ai mal partout. Lorsque Jaci me propose de sortir pour une promenade, j'ai l'impression qu'elle vient de me demander un effort surhumain. Je ne vis plus vraiment, on ne vit plus vraiment. Jaci s'occupe de moi, elle est dévouée. À 21 ans, je n'aurais pu lui en vouloir de partir vers une vie plus simple, plus animée, ce dont nous rêvions tous les deux il y a à peine plus d'un an de cela.

Tous les jours, nous décidons d'aller nous entraîner le soir comme nous en avions l'habitude, mais inévitablement lorsque je reviens du bureau, mon corps me lâche. J'ai l'impression de me déplacer avec des sacs de sable sur les épaules qui ne me quittent que lorsque je suis couché.

Nos amis les plus proches s'appellent Andy et Kelly. Lui est autrichien, et comme moi a quitté son pays natal à la poursuite de sa bonne étoile. Elle est une amie d'enfance de Jaci, elles ont toutes les deux grandi à Liverpool et étudiaient dans la même école de danse… Grâce à eux, nous avons une vie un peu plus normale, nous organisons des dîners à la maison, nous louons des films chez Blockbuster – pour les moins de 20 ans : le Netflix en version VHS –, notre vie sociale se limite à tout ce que l'on peut faire sans trop sortir, sans être exposés aux autres… Même eux ont du mal à comprendre pourquoi je suis fatigué si vite. Mais on rigole tout le temps, on se chambre en permanence. C'est ce qui rend mes journées plus agréables : je sais qu'à mon retour du bureau nous pourrons rire, parler de tout et de rien entre nous.

De temps en temps, j'oublie que je suis malade. Danser me manque tellement, mon corps a besoin de se remettre en condition. Un jour, j'accepte d'aller en salle de musculation avec Andy. Une fois prêts, nous commençons notre séance. Andy est un habitué des salles, je le suis moins depuis quelques mois. Il fait son premier set, et j'enchaîne, je soulève le poids une seule fois et je lui dis que je dois rentrer, que c'est fini pour moi aujourd'hui, et il explose de rire.

Soulever un poids, une fois, m'a valu trois semaines d'arrêt maladie et deux traitements aux antibiotiques. C'est à n'y rien comprendre.

Après ma deuxième visite en deux semaines, un médecin consulte mon dossier, me pose quelques questions et m'annonce que j'ai sûrement un lymphome de Hodgkin, une forme de cancer, sans aucun test, juste une intuition.

Je suis sous le choc. Peut-être plus à cause de l'accumulation de fatigue, et des douleurs depuis plusieurs jours, j'ai les larmes aux yeux en quittant le cabinet. Je suis si fatigué. Ma tête ne sait pas comment traiter l'information. Comment m'assurer que Jaci sera à l'abri s'il m'arrive quelque chose ? Comment m'assurer que mes parents, mes grands-parents, mon frère et ma sœur n'auront pas peur pour moi ?

J'oublie de raconter à Jaci ce que le médecin m'a dit. J'ai quelques examens à faire le lendemain. Elle remarque bien que quelque chose ne va pas, mais souvent avec mes crises le moral baisse suivant leur durée et leur intensité…

Quelques jours plus tard, les résultats sont prêts, je n'ai pas le lymphome de Hodgkin. Le même médecin regarde de nouveau mon dossier et me demande ma profession. Je lui réponds que je suis dans le commerce électronique. Il semble surpris, me dit que mon dossier contient des références ultérieures à une activité sportive de haut niveau. Je comprends la confusion et lui explique que je suis danseur de haut niveau, ou en tout cas je l'étais il y a quelques mois à peine. Il a une nouvelle intuition. J'ai l'impression d'être un puzzle à résoudre. Il souhaite faire une prise de sang immédiatement. Je lui demande ce qu'il a en tête. Je n'aurais pas dû.

« *I'm thinking about HIV.* »

Quand la vie vous donne des citrons, faites-en de la citronnade

Mars 2000

Depuis quelques mois, la danse n'existe plus dans nos vies. Nous essayons juste de vivre au jour le jour, d'être heureux des bons moments que nous passons ensemble, mais l'épée de Damoclès sur nos têtes est injuste, omniprésente, même dans les moments les plus anodins. Avoir peur d'aller au supermarché car les réfrigérateurs peuvent déclencher une crise est devenu mon quotidien. Je sais, c'est ridicule, je me sens ridicule en le disant, et je me suis senti ridicule à l'époque également.

Un nouveau médecin, le docteur Wang, est arrivé au cabinet. Il remarque que je viens souvent. Il me dit également que je suis en train de prendre bien trop d'antibiotiques et ne dénombre pas moins d'une quinzaine d'ordonnances sur un an. Il prend le temps de m'écouter. Le docteur Wang demande que je prenne mes rendez-vous avec lui, il veut essayer de nous aider, au moins de trouver ce qui se passe.

Au bureau, les semaines s'enchaînent, et le développement de la société s'accélère. Ma mission est claire : développer l'infrastructure électronique qui nous permettra de pleinement nous positionner sur le marché de la vente en ligne.

Bizarrement, ma vie d'entreprise me permet de m'évader. J'ai la chance de pouvoir me concentrer juste assez longtemps pour mettre en marche mes équipes chaque jour et régler les problèmes liés à ces technologies balbutiantes. Le projet semble assez simple : mettre tous nos produits en ligne (près de dix mille références) et mettre en place une solution de gestion apte à nous accompagner sur le long terme. Je suis moi-même un peu surpris par mon nouveau métier ; il devait nous aider à financer nos carrières de danseurs. Il s'agit dorénavant de mon activité première. Assis derrière un bureau, je peux gérer ma fatigue, la température de mon environnement, mes douleurs… Bref, les choses toutes bêtes qui sont pour l'instant mon quotidien.

Au cours d'une réunion, j'ai une idée, aucunement révolutionnaire aujourd'hui, mais en 2000 cela représentait une approche neuve… Et si cette solution pouvait devenir une plateforme de marché ?

Rapidement, j'esquisse sur un *paperboard* une approche basée sur une solution SAP [1], un logiciel de gestion utilisé

1. Acronyme du nom de l'entreprise allemande Systemanalyse Programmentwicklung qui signifie en français « développement de programmes d'analyse de système ».

par les plus grandes multinationales (dont TF1 par exemple). J'y associe la base de données la plus performante à l'époque qui était chez Oracle, le tout couplé à un *soft* de personnalisation de BroadVision. La « petite » révolution se trouve sur l'approche communautaire : je propose à mon directeur général de créer la solution, mais d'en faire profiter nos clients en *white label*, c'est-à-dire que chacun de nos clients atteignant un chiffre d'affaires minimal peut avoir son site. Nous nous transformons alors en plateforme sur laquelle nos clients font leurs affaires au jour le jour. Ils obtiennent un système qui aura coûté des millions de livres à produire ; en échange, nous devenons le prestataire incontournable. La petite astuce, qui est aujourd'hui standard, est de permettre au site Web et à SAP d'utiliser une même base de données accessible en ligne ; jusqu'alors SAP utilisait des bases de données internes non ouvertes aux autres applications.

Je rappelle à mes équipes qu'avec quelques lignes de code sur nos serveurs, nous pouvons alimenter en « quasi » temps réel les niveaux de stock et leurs prix. J'écris alors un algorithme rudimentaire qui établit l'existence de stock chez plusieurs de nos fournisseurs, le prix auquel ils le proposent, j'y ajoute un pourcentage de volatilité du marché pour ne jamais être pris de court par le prix ni par la disponibilité du stock. Enfin j'applique une marge de profit interne qui prend en compte le chiffre d'affaires du client (plus le chiffre d'affaires est élevé, plus la marge appliquée est basse). Après un silence assourdissant, mon directeur général me demande de prendre mes affaires. Il passe un coup de fil, je ne sais pas à qui il s'adresse, et nous partons dans sa Porsche… Une heure plus tard, je me retrouve dans une salle de réunion face à une demi-douzaine de personnes, nous sommes chez IBM Finance… Mon patron se retourne vers moi et me dit : « Montre-leur exactement ce que tu viens de nous expliquer au bureau… »

Nous repartons moins d'une heure plus tard.

Très vite, une proposition de financement de plusieurs millions atterrit sur mon bureau. Parthiv me convoque alors pour me dire que le projet est maintenant financé par IBM et que je deviens le plus jeune directeur du commerce électronique d'une société européenne. Il me demande le nouveau salaire que je souhaite. 72 000 livres par an et… une assurance complémentaire de santé.

Une fois chez moi, Jaci, Andy, Kelly et moi faisons la fête comme des gamins dans notre appartement. Une coupe de champagne, je suis au lit avant 21 heures…

Le projet est en phase finale en juin. Tout fonctionne, mis à part certains détails de graphisme, rien de bien méchant. Depuis quelques mois, je reçois des appels des États-Unis pour avoir mon opinion sur la direction que va prendre le commerce électronique durant les années à venir. Je suis également publié dans plusieurs magazines, comme *Business 2.0*, une référence dans la Silicon Valley à l'époque.

L'équipe du début ne passe plus beaucoup de temps ensemble, nous sommes tous surchargés par les semaines interminables, et tous les départements tournent au maximum de leurs capacités.

Quelques jours avant mon anniversaire, je reçois un appel d'un chasseur de têtes spécialiste des postes liés à la technologie. Il m'explique qu'une société de consulting aimerait me proposer une position junior à San Francisco. Ils me suivent depuis plusieurs mois, ainsi que mes prises de parole, et souhaiteraient m'envoyer leur proposition.

Lorsqu'elle arrive, je suis dans un premier temps bouche bée, je relis le document : 250 000 dollars de salaire annuel pour les deux premières années, 500 000 dollars garantis à partir de la troisième. Ils s'occupent de mon visa et de celui de ma compagne, et se chargent de tout le déménagement. J'ai juste à dire oui et prendre l'avion.

Le reste de la journée est un peu flou.

Une heure plus tard, j'entre dans le bureau de mon directeur général, et lui explique que le projet est fini, prêt à être lancé. Et je lui donne ma démission. Je ne me vois pas piloter le projet en exploitation. Je prends le reste de l'après-midi pour aller rejoindre Jaci. Elle est surprise de me voir en pleine journée. Je lui dis que je viens de démissionner, elle me saute au cou de bonheur, entre la maladie et mon boulot, elle me confie qu'elle avait l'impression de m'avoir perdu…

Je lui montre la proposition américaine, elle n'en revient pas. Pendant de longues minutes, elle ne comprend pas. Mais comment puis-je avoir tant de valeur à 21 ans, alors que j'ai tout appris en lisant quelques livres... (C'est-ce qu'elle me répétera plusieurs fois !) Elle trouve tout cela très fort, elle me dit être fière de moi, et qu'elle me suivra. Je lui dis que je veux refuser la proposition également, l'informatique pour moi, c'est fini. Je veux vivre du spectacle, je veux revenir à nos passions, même malade ça doit être possible, si elle est prête à affronter ce qui nous attend.

Ce jour-là, je plaque une carrière, qui aurait, financièrement au moins, garanti notre vie. Le soir même, nous recevons la confirmation de la banque qui valide le prêt que nous avions demandé pour acquérir un joli appartement. Nous sommes propriétaires. Sans emploi, mais un toit sur la tête... pour l'instant.

Le diagnostic

Juillet 2001

Lors d'un rendez-vous pour tenter de comprendre mon état, le docteur Wang me parle d'une maladie qui lui a été présentée au cours d'une conférence, il me dit que le seul diagnostic possible est un diagnostic par élimination, et qu'il avait déjà sans le savoir exclu tout le reste. Il m'explique que je souffre d'encéphalomyélite myalgique, un syndrome présent à travers le monde et souvent appelé syndrome de fatigue chronique (SFC). Une étude canadienne décrit la maladie de cette façon : c'est une « maladie acquise qui affecte l'ensemble du corps, principalement les systèmes neurologique, endocrinien et immunitaire. L'encéphalomyélite myalgique peut devenir sévèrement débilitante ». Je préfère le terme encéphalomyélite, car SFC induit une mauvaise compréhension de la maladie dont je souffre : s'il ne s'agissait que de fatigue, je pourrais y faire face sans problème, mais c'est bien plus que ça.

Il n'y a pas de traitement, il est catégorique, mais au moins je sais ce dont je souffre.

Depuis deux ans maintenant je ne dors plus, en tout cas plus comme avant. Je peux être en plein sommeil et pourtant être assez éveillé pour répondre à une question à n'importe quel moment de la nuit. Et en général, je me réveille bien plus fatigué que lorsque je me suis couché.

Et la maladie s'invite quand elle le veut comme elle le veut dans mon quotidien. Je me souviens par exemple du 11 septembre 2001. Je continue à faire un peu de consulting pour des collègues et arrondir nos fins de mois. Je suis installé devant mon ordinateur. J'allume la radio ; j'ai toujours de la musique en fond sonore. D'ailleurs, pour savoir comment je me sens à l'intérieur, il suffit d'écouter ma musique. Ce que je ne sais pas exprimer complètement, ma playlist musicale l'explique entièrement. Les radios diffusent un bulletin spécial d'informations encore floues qui semble indiquer un accident aérien aux États-Unis. J'allume mon téléviseur, toutes les chaînes ont interrompu leurs programmes, je regarde, ahuri, cet accident absolument improbable.

Café en main, j'essaye de comprendre ce qui a bien pu se passer. Derrière les journalistes, les images retransmises en direct du World Trade Center sont impensables, un tel accident, dans une des villes les plus incroyables au monde. Soudainement, quelque chose frappe de nouveau un des immeubles. Les commentateurs américains perdent leur distance journalistique le temps d'un instant. C'est à ce moment que l'hypothèse de l'accident est écartée et que le monde comprend que les États-Unis d'Amérique sont en train de vivre une attaque terroriste de plein fouet et qu'elle n'est peut-être pas finie. Je commence à sentir ma gorge se serrer. J'ai un rendez-vous dans une vingtaine de minutes chez un ami pour parler de son projet... Je marche tel un zombie, encore incapable de comprendre ce qui vient de se passer.

À mon arrivée à mon rendez-vous, j'apprends qu'un autre avion s'est écrasé au Pentagone.

Le soir venu, je rentre encore sous le choc de cette journée malheureusement historique. Quelques heures plus tard, Jaci tente de me réveiller, j'ai une température élevée, je transpire à un point tel qu'elle doit changer les draps, les couettes et me trouver un pyjama sec. Elle a du mal à me bouger, depuis que je suis tombé malade, j'ai pris plus de 10 kilos en deux ans.

Jenny Dunster

Août 2001

Je dois redonner un sens à ma vie, et je ne sais pas par où commencer. Je ne veux plus accepter la défaite. Je vis pour faire du spectacle. Je vis pour créer avec Jaci. Nous essayons donc de reprendre les répétitions comme nous le faisions avant, sauf que souvent, une fois en route, la lumière, le bruit et les douleurs m'imposent de rebrousser chemin et de tout annuler. Jaci y croit jusqu'au dernier instant et est déçue chaque fois, je m'en aperçois. Je suis partagé. Je dois être fort mentalement pour ne pas sombrer. Je n'ai que 23 ans et déjà je vis pour conserver mon énergie au jour le jour. J'ai de la chance, je sais déjà ce que c'est de ne pas croire à l'invincibilité. En même temps, personne ne voit ma maladie à part Jaci. Il n'y a qu'elle qui vit mes journées sans fin lors des crises, les montées de température, à deux doigts d'appeler une ambulance. Des journées entières perdues, cloué au lit, tordu de douleurs, des semaines entières à sentir la danse petit à petit quitter mon corps.

Notre décision est prise : ce combat sera le nôtre, nous n'en parlerons pas. Nous devons cacher ce que nous vivons. Il est hors de question de devenir le danseur « malade ». Ne rien dire, tout cacher, faire comme si la maladie n'existait pas, aux yeux du monde tout va bien. Tout ira bien… je l'espère.

Peu à peu, nous recréons notre vie autour de la danse. Déterminés à ne rien laisser nous ralentir de nouveau, nous tentons plein de choses. La première fut de nous trouver, en ce début d'année 2002, un agent. Pendant mes quelques années à la direction du commerce électronique, j'étais régulièrement invité à des soirées fastueuses dans les plus grands hôtels de Londres. L'événementiel d'entreprise est une industrie colossale au Royaume-Uni. Je retrouvais souvent les mêmes artistes durant ces soirées, ils semblaient officier exclusivement dans ce milieu ; jamais de tournées, aucune exposition médiatique, et pourtant ils m'avaient l'air de travailler sans cesse.

J'apprends qu'une poignée d'agents s'occupe de la quasi-totalité des événements à Londres. Après quelques recommandations, nous nous retrouvons dans les bureaux d'un des agents les plus réputés du marché, Jenny Dunster. À peine la soixantaine, elle en fait vingt de moins, une énergie débordante et un regard perçant qui ne permet pas la bêtise. Elle nous scrute des pieds à la tête. Elle nous demande ce que nous recherchons. Je lui explique que nous sommes un couple de danseurs, que notre répertoire est large et varié et que nous souhaitons entrer dans le circuit de l'événementiel. Elle accepte de s'occuper de nous, mais elle ne nous promet rien.

Depuis que j'ai quitté la vie d'entreprise, Jaci et moi sommes bien plus heureux car nous dansons un peu plus chaque jour, mais financièrement nous sommes au bord du gouffre. L'argent ne rentre plus depuis un an, nous avons du mal à payer nos loyers, nos charges. Je suis encore souvent malade, nous progressons lentement.

Nous en sommes à un point où les huissiers frappent régulièrement à la porte. Comme deux gamins, nous nous cachons, et n'ouvrons pas la porte. Un jour, alors que je sors d'une crise quelques heures plus tôt, le moral à zéro, quelqu'un frappe à la porte. Je sais déjà qu'il s'agit d'un huissier. Je regarde Jaci et cette fois je me résigne à ouvrir. L'huissière entre, me dit pourquoi elle est là. Nous n'avons aucune excuse, juste la faute à pas de bol. Pas de bol d'avoir été expulsés du show de notre vie avant même d'avoir commencé. Pas de bol d'être tombé malade. Pas de bol de ne pas avoir les reins assez solides pour faire face à l'imprévu. Bref pas de bol.

Mais je suis responsable de mes actions, je suis responsable de ce que je fais vivre à Jaci. J'aurais pu lui offrir une vie confortable, grâce au pont d'or qui m'était offert aux États-Unis. J'aurais pu continuer à travailler en entreprise et lui assurer une vie sympa.

Je suis responsable.

Et maintenant, elle doit assister à une scène des plus humiliantes, lorsque l'huissière pose des gommettes autocollantes sur chacune de nos possessions. Nous ne sommes pas flambeurs, mais le peu que nous avions était à nous.

L'huissière comprend notre déprime – même s'il y a bien plus à plaindre que nous –, elle nous explique que nous avons trente jours pour payer nos dettes, et nous dit de voir ceci comme une dernière opportunité de nous rattraper.

Après son départ, nous décidons de sortir marcher un peu. L'ambiance était pesante dans l'appart : partout où nous regardions des autocollants nous rappelaient que plus rien ne nous appartenait. Le décompte de trente jours a commencé.

Nous marchons sans un mot. Je sens mon portable vibrer.

— Allô ? C'est Jenny Dunster.

— Oui, hello Jenny. Que puis-je faire pour toi ?

— Qu'est-ce que vous faites vendredi soir ?

— Rien, pourquoi ?

— Vous avez un show à l'hôtel *Grosvenor House*, 2 500 livres, je n'ai pas pu obtenir plus, c'est bon pour vous ?

— Heu… Oui, oui.

— Et le mercredi suivant ?

— Rien…

— Vous faites un show à l'hôtel *Dorchester*, 3 500 livres, c'est un peu mieux, mais je n'ai pas pu faire plus.

— Merci Jenny, avec plaisir.

— Au fait, j'ai réussi à vous faire payer en avance, donc je vous règle le jour même du show.

— Merci Jenny.

En un appel, Jenny nous a sauvés.

Salsa !

Février 2002

Quelques mois plus tôt, je rencontre un chorégraphe de renom avec qui je sympathise. Il a une ouverture d'esprit formidable, loin des carcans que nous impose la danse de salon. Jaci et moi travaillons avec lui sur quelques publicités et nous devenons amis, petit à petit.

Il s'appelle Paul Harris. C'est l'un des chorégraphes les plus appréciés du milieu. Il est spécialiste des danses de couples et plus précisément des danses dites « historiques ». Il a également créé les chorégraphies de toutes les scènes de combat des baguettes magiques des films de la série des *Harry Potter*. Il est danseur de salon de formation, mais sa curiosité le dirige rapidement vers la comédie musicale et la comédie. Il participe alors aux tournées de *West Side Story* et *Guys & Dolls*, entre autres. Il cultive sa différence, c'est sa force, il est respecté pour son expérience éclectique.

Rapidement, il nous prend sous son aile. Il comprend la distance que nous prenons avec la compétition et inversement l'attrait que la scène a pour nous, il a vécu les mêmes choses au début de sa carrière. Nous parlons beaucoup de musique, il refait mon éducation musicale du swing. Il est fou de la Rat Pack de Sammy Davis Jr et Frank Sinatra, et nous parlons sans fin de la musique cubaine. Alors que je profite depuis quelques jours d'une énergie inhabituelle, nous décidons de sortir et allons dans un bar de salsa, danse que je pratique instinctivement depuis longtemps. Quelques jours plus tard, autour d'un café, Paul me dit être l'auteur d'une nouvelle version de la technique de la salsa. Celle-ci se veut plus proche de ce que Monsieur Pierre et Doris Lavelle ont rapporté de Cuba, il y a près de soixante ans auparavant, plus authentique. Il m'explique que Jaci et moi dansons naturellement la technique développée dans le manuel. D'habitude, les danseurs de danse sportive développent des mouvements spécifiques, rapides, efficaces mais qui perdent en authenticité. Il nous demande alors si nous serions prêts à tenter les championnats d'Angleterre de salsa quelques semaines plus tard à… Vous l'avez deviné : Blackpool.

Et nous remportons ce titre ! Champions britanniques… Personne n'ose le croire. Inconnus dans cette discipline, nous prenons immédiatement la tête des classements. Pour nos familles c'est une consécration, le titre est important pour tout le monde, il confirme qu'ils ont eu raison de nous faire confiance.

De plus, ce titre nous qualifie automatiquement pour les championnats du monde qui se dérouleront cette année à Orlando, aux États-Unis.

11 septembre 2002

Nous sommes dans l'avion, direction Orlando, pour participer à nos premiers championnats du monde de salsa. Les billets ne nous ont quasiment rien coûté et l'avion est presque vide. Personne ne souhaite être dans les airs en ce triste anniversaire, un an jour pour jour après l'attentat le plus meurtrier jamais commis sur le sol américain. Pour nous, il s'agit d'un voyage qui marque notre première année dédiée à récupérer ce dont la maladie nous a privés depuis trois ans.

À notre arrivée, bien qu'excité, je commence à souffrir de la climatisation. Les différences de température sont extrêmes, et je ne semble pas bien les encaisser. Je me sens un peu faible, mais rien de bien méchant. Le lendemain, c'est le jour de la compétition. Je vois les autres couples, venus du monde entier, se préparer. C'est un couple originaire des îles ABC (Aruba, Bonaire et Curaçao) qui attire mon œil le premier. Ils sont tellement fun, du rythme plein le corps ; les voir danser, c'est déjà écouter de la musique. J'adore !

Parmi les autres couples que je découvre, des couples cubains, fils d'exilés cubains vivant à Miami, des Vénézuéliens, des Colombiens qui dansent à une vitesse phénoménale. L'ambiance est bonne, l'énergie géniale. Nous passons les tours les uns après les autres. Il y a longtemps que nous attendons de danser de nouveau, mais je sens mes articulations durcir et le froid commence à me jouer des tours. Il fait plus de 30 °C à l'extérieur, mais à l'intérieur de la salle la clim me semble être glaciale. Je n'arrive pas à bouger comme je le devrais. Jaci comprend tout de suite ce qui se passe. Elle me demande si je souhaite continuer. Mais après avoir fait le déplacement, autant aller jusqu'au bout.

Nous sommes éliminés aux portes de la finale, 7e, à une place d'y être. Les gagnants sont le fameux couple d'Aruba, absolument fabuleux. Ils ont en plus le mérite de m'avoir fait sourire durant toute leur finale tellement leur bonne humeur est contagieuse.

Après cette journée éreintante, nous rentrons à l'hôtel, manger... Surtout dormir. Le lendemain, nous décidons d'aller nous promener au Village Disney. Je découvre un Virgin Megastore dont la section musique du monde est gigantesque. À l'époque, sans Spotify, Deezer ou Apple Music, trouver de la musique d'un genre spécifique demande d'avoir un réseau, car tel ou tel CD n'est peut-être disponible qu'en édition limitée dans tel pays... Or, là j'ai la chance de pouvoir découvrir tout ce dont j'ai toujours rêvé !

Nous décidons d'aller déjeuner puis de revenir ensuite faire nos emplettes musicales. Lorsque je franchis les portes du magasin pour en sortir, je passe instantanément de 18 °C à l'intérieur à plus de 30 °C, et l'effet est sans appel. Je reçois ce que je ne peux que décrire comme un coup de massue. Je suis obligé de m'asseoir à même le sol et je n'arrive plus à bouger... Comment un corps peut-il être si imprévisible ?

Jaci réussit à me ramener à l'hôtel et le lendemain nous rentrons à Londres. Je mets trois semaines à recouvrer un état normal.

Le Café Mango

Octobre 2002

Jaci et moi réfléchissons depuis plusieurs mois à notre avenir et il devient essentiel que nous ayons une activité locale régulière. Mais quoi exactement ? Comment avoir un revenu, qui ne me demande que quelques heures de travail par semaine pour assurer loyer et factures, sans trop en demander à mon corps ?

Jaci me dit alors qu'elle a une idée : pourquoi ne pas donner des cours de salsa ? Elle me dit que cela pourrait très bien fonctionner et qu'avec quelques cours par semaine nous pourrions arriver à notre objectif.

Pendant quelques jours, je réfléchis à son idée. Je la décompose et j'arrive à une évidence : ce n'est pas plusieurs cours par semaine qu'il nous faut, mais un seul. Il faut que nous donnions en une seule soirée une semaine de cours normaux. Nous devons absolument devenir le rendez-vous incontournable de la ville. En me promenant dans le centre, je remarque un petit bar à cocktails, je lis la pancarte « CAFÉ MANGO ». Après un échange avec le gérant, je le convaincs de me laisser les manettes du lieu, le pire soir de sa semaine, le mardi.

Le mardi venu, à 20 heures pile, je m'écrie dans le bar : « C'est parti pour le cours de salsa ! Venez nous rejoindre… » Pour le timide que je suis, prendre la parole devant une foule d'inconnus demande un effort surhumain. Jaci et moi donnons ce soir-là un cours d'initiation d'une heure à une vingtaine de curieux. Et nous repartons avec un peu plus de 250 livres en poche.

Quelques semaines plus tard, il devient évident que le bar est trop petit, et que nous commençons à être victimes de notre succès. Nous trouvons alors un bar à cocktail beaucoup plus grand et flambant neuf à Wimbledon, pas très loin. Notre succès s'étant déjà ébruité, les propriétaires nous confient alors le mercredi soir. Nous avons déjà commencé à formater le déroulement de la soirée : d'abord une danse commune ultra-dynamique guidée par Jaci et moi, des pas simples, que tout le monde peut prendre en cours de vol, puis on se sépare en deux ou trois groupes de différents niveaux pendant une heure, et enfin on finit par deux heures de musique non-stop pour que les gens puissent s'amuser.

Rien de révolutionnaire, mais dès la première soirée à Wimbledon, c'est un succès. Plus de deux cents personnes sont là chaque mercredi. C'est un défi réussi, mais surtout on commence à découvrir que nous avons une « patte », complètement à l'opposé de ce que nous vivons au jour le jour. Nous sommes le couple à 100 000 volts, tous nos élèves nous décrivent de la même façon.

Quelle ironie !

Cubanite

Février 2003

Je reçois un coup de fil d'un orchestre de salsa basé à Manchester de Kirsty Almeida et Descarga. Ils mélangent à la perfection les rythmes cubains et le jazz. Ils ont entendu parler de nous et veulent savoir si nous sommes libres pour danser avec eux à un événement caritatif dans le nord de l'Angleterre. Ce que nous acceptons avec joie.

Quelques semaines après l'événement, ils nous contactent de nouveau pour nous expliquer qu'ils ont prévu une tournée de quarante dates et qu'ils aimeraient que nous dansions pour l'orchestre. Pour nous, il s'agit d'une opportunité géniale : danser, faire le tour de la Grande-Bretagne, tout en gardant notre activité une fois par semaine à Wimbledon, si ma santé ne me joue pas trop de mauvais tours, c'est énorme !

Nous voilà donc embauchés sur le spectacle *Cubanite*. Le concept est simple : cours de danse avant le show, puis Jaci et moi dansons pendant quasiment une heure avec le groupe. Je ne sais pas comment nous avons osé dire oui, sachant que je passe littéralement toute ma semaine au lit, mis à part les shows du week-end et notre cours à Wimbledon.

Mais nous dansons… Au moins nous dansons.

Nous avons, grâce à ce spectacle, approfondi nos connaissances musicales. Hugh Lawrence, le percussioniste, joue des congas et nous apprend à reconnaître, à travers les titres du spectacle, comment décrypter en profondeur les polyrythmiques qui créent ce son enivrant. Mais c'est surtout l'esprit de troupe qui nous marque. Nous nous intégrons à ce groupe ultra-attachant, passant d'une salle bondée avec plus de mille cinq cents personnes en plein milieu des Cornouailles à une salle de cinquante personnes le show suivant.

Un soir, nous sommes dans la ville universitaire mondialement renommée de Cambridge. C'est un lieu charmant. Faire un tour sur les barques de la rivière Cam est une de mes promenades préférées… Le spectacle se produit au *Cambridge Corn Exchange* ce soir-là, une des plus grandes salles de spectacle de la ville. La mise en scène de *Cubanite* est atypique ; en effet le public est encouragé à danser après notre intervention. Le début du spectacle commence par un focus sur le groupe sur scène puis très vite la piste de danse au milieu de spectateurs devient un vrai dancefloor.

Ce jour-là, en répétant nos entrées pour l'ouverture du spectacle, Jaci décide d'emprunter une coursive qui l'emmène directement sur la piste de danse. J'opte pour une arrivée entre les musiciens, je descendrai les escaliers installés sur le nez de scène. La répétition se passe bien, nous sommes tous en grande forme, et nous connaissons le spectacle par cœur maintenant, donc nous avons la cadence du show dans les jambes, tout va bien. Le soir arrive. Le public est installé, les premières notes retentissent, Jaci m'embrasse et part se mettre en place. À mon top musical, je me lance comme une fusée à travers le groupe… Un petit signe à chaque musicien au passage, puis je me retourne face aux spectateurs.

Premier problème : deux rangées de spectateurs ont été ajoutées devant la scène, il n'y avait personne à cet endroit l'après-midi. Deuxième problème : les escaliers qui mènent de la scène à la piste de danse ne sont plus là. Je suis lancé à pleine vitesse, j'ai une demi-seconde pour digérer cette information. Trop tard… Je n'ai plus le choix : je viens de m'élancer au-dessus des deux rangées de public. Je suis en plein saut de l'ange lorsque je vois Jaci me regarder comme si elle assistait à mes derniers instants. Je touche le sol, fais une roulade avant, et tel un ninja (ça sera bien la seule fois de ma vie !), je me relève juste à temps pour enchaîner notre chorégraphie. Jaci n'arrive pas à le croire, je vois le groupe bouche bée sur scène, le public se lève et ne se rassoira pas de toute la soirée.

Je sors de scène. Le groupe me félicite. Mais ce qui vient de se passer est si dangereux que j'en ai les jambes qui tremblent encore. Le batteur du groupe se tourne vers moi et me dit :

« Bon, bah tu vas faire cette entrée tous les soirs ! »

Oui, bien sûr… Même si je le voulais, impossible.

C'est aussi lors de cette tournée que nous rencontrons celle qui va bouleverser nos existences. En effet, un soir, après une représentation, une spectatrice vient nous voir, encore survoltée par le show. Elle souhaite une photo avec Jaci et moi. Et elle ne cesse de nous dire que son père adorerait nous rencontrer. Elle est chaleureuse, sympa et je me dis que son père doit être sûrement danseur ou musicien.

Elle s'appelle Victoria, elle va bientôt changer notre vie.

Je suis C.A.N.I.

Mai 2003

Nous venons à peine de terminer une série de spectacles avec *Cubanite*, et il est déjà temps de se préparer pour nos seconds championnats de Grande-Bretagne de salsa. L'avantage de danser avec un groupe tous les soirs, c'est que nous avons développé nos capacités d'improvisation comme jamais auparavant. Le jour venu, nous remportons la compétition de nouveau.

Malheureusement, l'encéphalomyélite myalgique fait un retour en force. C'est sûrement le contrecoup de la tournée et des soirées de salsa. Je souffre beaucoup. Je passe l'été entier entre quelques jours normaux et la majeure partie du temps immobilisé par les douleurs, la température, l'incapacité à m'en sortir. Mais ce dont je souffre le plus, je pense, c'est de ne pas pouvoir exprimer ce qu'est cette maladie. Les symptômes lorsque je les décris sont si banals que je me sens tellement con, bête, bon à rien…

Je suis fasciné par les livres, j'en achète énormément. Je lis peu de fiction ; j'aime surtout les autobiographies. Je suis fasciné par celles de Steve Jobs et de Noureev. J'adore les livres de vulgarisation scientifique comme *The Elegant Universe* de Brian Greene, de préférence en anglais, car tout, y compris la mécanique quantique, se laisse comprendre en anglais (en même temps… qui comprend vraiment la mécanique quantique et ses paradoxes permanents ? Mais c'est un autre livre à écrire). Lorsque j'arrive chez quelqu'un, je suis immédiatement curieux des livres qui sont exposés. Ils dévoilent la personne, ou du moins ils dévoilent comment la personne souhaite paraître, c'est tout aussi fascinant. Moi, je pense qu'on dirait de moi que je souhaite paraître érudit et fasciné par les nouvelles technologies et l'entreprenariat, mais qu'en réalité je suis un fêtard accro au guaguanco. Étrange personnage…

Jaci me force à faire quelques balades dans le parc de Wimbledon Common, durant lesquelles nous parlons pendant des heures, de l'avenir, de nos rêves. Il devient évident que je dois passer à la vitesse supérieure et trouver de meilleurs moyens pour contrer la maladie.

Ce soir-là, nous dînons chez Andy et Kelly. Je découvre sur l'étagère, entre leurs livres, les CD d'un coach de performance américain, Tony Robbins. Le programme s'appelle *Get the Edge*. Le monde du développement personnel a ses gourous et Tony Robbins en est un, c'est indéniable. Sauf qu'il propose une approche pleine de bon sens, de bienveillance et son discours me parle. Souvent mes amis, mes collègues ont peur de l'inconnu et préfèrent ne pas tenter une nouvelle approche. Moi, je tente et je stoppe si cela ne me convient pas. Même si on ne cesse de me répéter constamment qu'il ne propose rien de révolutionnaire, je dois vous dire que, lorsque vous savez que vous êtes en train de toucher le fond, et que votre qualité de vie dépend de vous, vous vous accrochez au moindre espoir.

Durant sept jours je marche, lentement, lourdement, mais j'écoute en même temps ce programme. Durant une séquence, il parle des résultats obtenus lorsqu'un mantra simple est répété tous les jours : « C.A.N.I. » ou « *Constant And Neverending Improvement* ». Une amélioration constante chaque jour et à tout jamais. Or, lorsque vous vivez vos jours de façon imprévisible, il devient important d'avoir des petites règles simples qui vous permettent d'avancer. Je décide dès lors de ne jamais finir une journée sans avoir appris, lu ou amélioré une chose. On surestime souvent ce que l'on peut faire dans le court terme, mais on sous-estime royalement ce que l'on peut faire à long terme avec un peu d'application continue.

Je suis C.A.N.I.

Je n'ai plus le choix.

« L'avenir ne se prévoit pas, il se prépare [1] »

Août 2003

Nous sommes ensemble depuis plus de six ans maintenant, Jaci et moi, et nous n'avons jamais pris de vacances. Nous ne nous donnons jamais le temps de respirer et de penser à autre chose que la danse, nous perdons déjà assez de temps comme ça avec mes épisodes de santé. Les championnats d'Europe qui vont se dérouler à Berne en Suisse et les championnats du monde à Rome approchent à grands pas. Si nous souhaitons vivre pleinement ces compétitions et peut-être arriver parmi les meilleurs, notre approche doit être irréprochable, structurée. Nous devons transformer cet événement en démonstration de nos points forts.

Les compétitions de salsa de l'IDO, l'*International Dance Organization*, se déroulent de la façon suivante : nous dansons en groupes d'une douzaine de couples, dont une partie sera sélectionnée pour accéder au tour suivant.

1. Citation de Maurice Blondel.

Arrivés à la finale, les six meilleurs couples dansent tous ensemble, puis chacun a deux minutes pour présenter un solo. Une fois tous les couples passés, tous dansent une fois de plus ensemble. À l'issue de cette finale, tous les couples assistent à la levée des marques. L'animateur demande, un à un, aux couples d'avancer d'un pas, puis les membres du jury montrent la position à laquelle ils ont marqué le couple en question. Supposons qu'il y ait six couples, les marques vont de 1 à 6 : si le juge lève le numéro 1, il souhaite vous positionner en tête du classement ; s'il lève un 6… ce n'est pas forcément votre meilleur allié.

Pour nous préparer, je déconstruis la journée et les différentes qualités nécessaires pour briller dans chacune des étapes. Les premiers tours demandent plusieurs choses. Tout d'abord, une capacité à improviser puisque nous ne connaissons pas les titres sur lesquels nous allons danser. Ensuite, il faut avoir du *floorcraft* ou le savoir-faire lié à l'utilisation d'une piste de danse bondée. Enfin, l'esthétique du couple est importante, il faut un look qui nous permette d'être rapidement identifiables.

Nous avons un problème inhérent à ma maladie : il nous est impossible de répéter beaucoup plus de trente à quarante minutes par jour, alors que nous sommes conscients qu'à cet instant même, à travers le monde, des couples sont en train de travailler d'arrache-pied des heures durant pour accéder aux marches du podium. Nous devons donc trouver une meilleure façon de nous entraîner. Mais également de contrôler notre psychologie : si nous nous répétons tous les jours que nos compétiteurs sont dans de meilleures conditions, nous sombrerons vite dans une attitude défaitiste.

Nous avons grâce à nos résultats en junior travaillé avec les meilleurs coachs du monde. Certains nous ont marqués à vie, comme Donnie Burns et Gaynor Fairweather, Corky et Shirley Ballas, tous des références dans le milieu des danses de couples. Un en particulier devient une de nos références pour toute notre carrière. Il s'appelle Ruud Vermeij, un coach néerlandais qui, après avoir obtenu le premier doctorat en danses de couples, a été un des premiers à décomposer les mouvements de danse sportive en utilisant une technique de notation développée par Rudolf von Laban. Ce qui au départ n'était qu'une forme de notation de la danse lui permit d'améliorer et de propulser la danse de couples dans des directions surprenantes. De plus, la compréhension des éléments fondamentaux qui constituent un mouvement permet de les travailler individuellement et donc précisément.

Un mouvement peut être décomposé de la façon suivante. Tout d'abord on accepte bien sûr qu'il évolue dans l'espace, haut, bas, gauche et droite, et dans la profondeur. Laban parle des « plans de mouvement » et il les regroupe en trois catégories : le plan de la porte (haut, bas, gauche, droite), le plan de la roue (haut, bas, avant et arrière), le plan de la table (gauche/droite et avant/arrière). Ensuite quelle est l'action entreprise ? Un saut, un tour, une marche, une contraction ? Il existe une douzaine d'actions dont celles que je viens de mentionner qui regroupent la totalité des possibilités à disposition du danseur.

La question suivante repose sur comment cette action dans l'espace est dansée, plus précisément avec quelle dynamique. La dynamique d'un mouvement provient de la combinaison des éléments suivants :

– Le flow : représente le contrôle de l'énergie dans le corps et qui nous permet de lier une action à une autre.

– Le poids : avec quelle intensité travaillons-nous ? Un travail de haute intensité contre le poids du corps livre un mouvement puissant, inversement, en réduisant cette intensité on obtient de la légèreté.

– Le temps : ici on ne parle pas de rythme (même si souvent le rythme de la musique est reflété dans l'approche du temps liée au mouvement). Ce qui nous intéresse, c'est l'approche que nous avons du temps sur ce mouvement en particulier. Est-ce que ce moment est précipité ? Est-il ralenti ? Est-il en accélération, ou en déplacement constant, à vitesse constante ?

– Enfin, sa direction dans l'espace : le mouvement est-il direct ? Ou indirect ? Un coup de poing a une valeur directe, un mouvement fluide de vague dans le corps est sinueux et au contraire indirect…

Bref, nous devons tout d'abord passer des heures à décomposer les mouvements pour comprendre leurs valeurs et surtout pour chaque mouvement avoir une intention claire. L'avantage de cette approche est que nous pouvons travailler des heures durant, assis, ou même pour moi au lit. Une fois que nos choix pour chaque mouvement sont faits, nous pouvons nous entraîner physiquement, mais uniquement sur les bases sur lesquelles nous nous sommes accordés. Est-ce que cette approche va fonctionner ? Je ne le sais pas. Mais il est vrai que les quelques heures de répétitions que nous réussissons à faire semblent efficaces.

Physiquement, notre stratégie est simple : ne pas bouger un doigt avant de s'être accordés sur tous les points essentiels de chaque mouvement.

Psychologiquement, c'est compliqué, car malheureusement nos cerveaux ne sont pas dupes et nous rappellent à tous les deux sans cesse qu'une heure de répétition, c'est toujours sept heures de moins par jour que nos compétiteurs. Même si nous avons eu des années de travail à haut niveau avec des journées de répétitions pleines, ce temps nous paraît si loin que ces milliers d'heures de répétitions passées semblent appartenir aux carrières d'autres personnes.

Lors de l'un de nos déplacements à Amsterdam, Ruud nous recommande de travailler avec un certain Maximiliaan Winkelhuis, un coach de performance. Maximiliaan nous ouvre les portes de plusieurs techniques de préparation. La première est une technique de visualisation. Il s'agit simplement d'imaginer quotidiennement, plusieurs fois par jour, votre performance le jour de votre compétition (vous pouvez l'appliquer à toutes les situations stressantes d'ailleurs, entretiens professionnels, discours en public…). Pour que l'exercice fonctionne, il faut forcer la précision.

Dans mon cas, quels sont les bruits que j'entends ? Sur quel type de surface suis-je en train de danser ? Quelles sont les odeurs dans la salle ? Je m'imagine l'annonceur appeler mon nom pour notre introduction en finale, quelle est la réaction du public, des juges ? Comment mon corps se sent-il ce jour-là ? Forcer la précision, c'est se forcer à répondre à toutes ces questions. L'important n'est pas d'avoir les bonnes réponses. L'important est d'ancrer cette performance future dans nos esprits.

Nous remarquons assez vite que des combinaisons de mouvements complexes s'améliorent grâce aux exercices de visualisation. Nous allons de plus en plus en profondeur avec les exercices. Et les résultats durant les quelques répétitions que nous arrivons à faire sont encourageants.

Il nous parle également de notre approche le jour J. La salsa est une danse sociale, c'est une danse qui par définition est un jeu entre deux personnes. Le temps d'une chanson, on découvre l'autre, on échange, on s'amuse, on fait confiance. Or nous sommes un couple depuis plusieurs années maintenant, et bien que nous nous amusions beaucoup, quand nous dansons, il peut manquer de la surprise. Maximiliaan nous explique que, pour aller chercher de l'inattendu, pour que nous nous surprenions, nous devons aller à l'encontre du moment. Plutôt que de chercher à performer, nous devons chercher à recréer la première fois que nous avons dansé ensemble, ce moment d'exaltation lié à la première fois est presque intime… Lors d'une compétition, on souhaite projeter son image jusqu'au dernier rang des spectateurs, danser encore plus fort, comme si

« danser plus fort » signifiait produire une belle danse. Il nous demande de suivre la chose suivante : dorénavant, chaque fois que nous répéterons, nous devrons toujours inclure une danse « finale ». Nous nous mettons en condition, comme si nous étions sur le point de danser la finale d'un championnat. Sauf qu'avant même de nous prendre la main, nos yeux doivent se connecter, nous devons réellement, de loin, nous regarder, essayer d'imaginer ce qui se trame derrière les yeux de l'autre. Puis doucement nous approcher, pendant cet instant tout en se regardant nous synchroniser et ralentir notre respiration, pour enfin se prendre les mains délicatement pour commencer à danser.

Au moment de la prise de contact physique, chacun doit prononcer dans sa tête un mot-clef, dont le but est de concentrer la performance sur ce que nous souhaitons mettre en avant. Ce peut être, par exemple, le mot « percussif » (que j'ai d'ailleurs souvent utilisé) ou bien le terme « regard », que Jaci privilégie souvent… Bref, notre approche est dorénavant de nous enfermer dans une bulle où tout le monde est le bienvenu, mais où nous sommes les seuls maîtres du monde, pour amener le compétiteur qui est en nous à exploser et à tout donner au public le moment venu.

Les semaines avancent et les répétitions sont efficaces même si je me sens très faible… Quand, sorti de nulle part, nous recevons un coup de fil du Foreign Office, le ministère des Affaires étrangères britannique. Il semblerait qu'un ambassadeur souhaite que nous allions à Cuba dans quelques mois. Nous sommes plus que ravis, mais je leur demande malgré tout plus d'informations, et notamment comment ils sont arrivés jusqu'à nous ? Il se trouve que la jeune Victoria qui nous a approchés un soir après *Cubanite*, il y a quelques semaines, est la fille de l'ambassadeur du Royaume-Uni à Cuba, Son Excellence Paul Hare. Nous acceptons l'invitation et l'oublions quasiment aussitôt tant nous étions absorbés par notre préparation pour les championnats du monde.

La préparation mentale semble porter ses fruits, il nous reste maintenant à décider de comment garantir une réaction énorme du public alors que nous sommes en train de tout faire pour l'oublier et être « dans notre bulle » le jour J. Contradictoire…

Jaci me dit que nous devons choisir un titre qui sonne « grand », ce qui implique des cuivres. Il faut également faire attention à trouver une musique avec des changements de rythme prononcés, ainsi que quelques belles interruptions, le tout ne devant pas durer plus de deux minutes. Chaud.

Je tombe par hasard sur une reprise de la chanson *Vehicle* du groupe des années soixante-dix, The Ides of March. Carlos Oliva, un des premiers producteurs de la Miami Sound Machine d'Emilio et Gloria Estefan, est un spécialiste des reprises salsa de titres déjà connus dans d'autres registres. Pour nous, le son est grand, il est rythmé et a un côté *feel good* qui nous va bien. C'est décidé, nous danserons notre solo de finale sur ce titre. Je n'ai qu'à en faire un édit rythmé sur deux minutes.

Il ne reste plus qu'à régler l'histoire du look. Nous optons pour un costume blanc, chemise noire pour moi, et pour Jaci une robe à franges rouge fluo. Discret… n'est pas le style de la maison !

Champions d'Europe !

Novembre 2003

Le jour du championnat d'Europe est enfin arrivé. Nous sommes en Suisse. Mes parents, mon petit frère Mickaël et ma petite sœur Vanessa sont tous là. Je suis heureux de pouvoir partager ce moment avec eux, c'est eux qui m'ont ouvert la voie à la danse et la musique. Le succès a une importance particulière pour toute famille d'immigrants. Si nous atteignons la finale, c'est un peu l'aboutissement d'une aventure qui a commencé plusieurs décennies en arrière, lorsque mes parents et grands-parents décident de quitter leur pays natal et fuir les dictatures.

À ma petite échelle, leur offrir une place en finale serait une jolie récompense pour toutes leurs années de sacrifices afin de nous permettre de vivre notre passion.

À l'instant où la compétition commence, dès la première note de musique, Jaci et moi plongeons dans un état second. Tout se passe comme prévu, nous avons une facilité incroyable à improviser et surtout tout semble ralentir au bon moment, comme si l'univers nous accordait plus de temps pour faire nos choix d'improvisation chorégraphiques en temps réel.

Nous passons du premier au deuxième tour, puis au troisième. Nous sommes maintenant en huitièmes de finale. Les quarts de finale sont à nous aussi, puis nous nous qualifions pour la demi-finale. Le moment est arrivé. Allons-nous réussir à atteindre notre objectif ? Serons-nous en finale ?

L'animateur annonce les couples sélectionnés… Nous y sommes ! Nous sommes en finale des championnats d'Europe ! Il est temps de se réjouir, cette finale est déjà notre victoire. Au moment où nous commençons à danser, en retraçant nos regards, synchronisant notre respiration, quand je prends la main de Jaci, le monde s'arrête. Je n'entends plus le public, j'ai la musique, mais c'est comme si rien ne se passait autour de nous. Nous commençons à danser, et je ne comprends pas comment c'est possible, mais chaque pas que je prends est une redite, chaque pas que je prends, je l'ai déjà vécu. Jaci et moi sommes connectés comme jamais, nous nous amusons.

Arrive le moment de notre solo. Nous nous mettons en place et nous nous élançons dans notre chorégraphie. C'est la première fois de la journée que nous dansons des pas complètement chorégraphiés, sur un titre que nous maîtrisons. Je ne me souviens de rien de notre passage à part que, sur la note de fin, je vois le public se lever d'un seul corps et le bruit devient assourdissant. Je crois que ça a plu aux spectateurs.

C'est le moment des notes. Les juges se positionnent, nous aussi. Ils appellent les couples les uns après les autres. C'est notre tour. Une grande partie des bonnes places sont déjà attribuées, peu importe, nous avons réussi notre pari, nous sommes là, en finale, et c'est génial !

L'animateur annonce nos noms, les pancartes se lèvent : 1, 1, 1, 1, 1, 1, 1, 2, 2.

Nous ne comprenons pas immédiatement, mais le public si.

Nous sommes les nouveaux champions d'Europe de salsa !

La consécration

Décembre 2003

À notre retour en Angleterre, un de nos amis, Kevin Clifton, vient nous chercher à l'aéroport. Nous l'attendons depuis une vingtaine de minutes devant le terminal, coupe en main, pas très discrets, mais avec des sourires jusqu'aux oreilles... Tout à coup, nous entendons une voiture arriver au loin, toutes fenêtres ouvertes, musique à fond. Je reconnais la voiture : c'est la vieille Peugeot déglinguée de Kevin, avec laquelle nous avons déjà parcouru l'Angleterre du nord au sud. Il arrive sur le titre de Queen, *We Are the Champions*, et nous fait exploser des confettis au visage lorsqu'il sort de la voiture. Tout le monde nous regarde, et on s'en moque. Le retour à la maison se fait en chantant à tue-tête, en boucle, l'hymne rock des gagnants. Nous y avons enfin droit.

Quelques semaines plus tard, nous partons pour l'Italie, où se tiennent les championnats du monde. Nous sommes excités parce que nous devrions facilement passer les premiers tours, mais à ce niveau de compétition, une demi-finale serait déjà un résultat génial. N'oublions pas que tous les Sud-Américains, Caribéens, ainsi que tous les Cubains exilés dans d'autres pays seront là pour défendre leur héritage, ce qui n'est pas forcément le cas pour les championnats d'Europe. Je souhaite juste m'amuser et présenter de la belle danse. Avec nos limitations, nous avons déjà Jaci et moi, il y a quelques semaines, décroché le gros lot en gagnant les championnats d'Europe.

La compétition se passe à Cinecittà, les studios de cinéma de Rome, utilisés par les plus grands réalisateurs de cinéma, de Fellini à Coppola. Nous marchons un peu sur un nuage, l'accueil est chaleureux, les Italiens savent recevoir. Nous découvrons alors que notre statut a changé depuis notre victoire il y a quelques semaines. Les autres danseurs sont respectueux, dès notre arrivée, des couples venus des quatre coins du monde que nous n'avons jamais croisés nous connaissent et nous saluent.

Depuis quelques jours, nous pensons bien sûr aux championnats du monde, mais nous sommes surtout incroyablement excités par l'invitation à Cuba de l'ambassadeur. Nous sommes censés partir dans moins d'un mois. Quelle aventure…

Il est temps de se préparer. Les tours de qualification commencent dans quelques heures, c'est le moment de s'échauffer. Les premiers tours se passent sans problème ; nous nous sentons bien, même si mes muscles me jouent des tours et que je n'ai pas la tonicité que je recherche. C'est maintenant que mon corps décide de me rappeler que tous les autres se sont entraînés des centaines d'heures et pas nous…

Nous n'avons pas eu le temps de répéter un nouveau show depuis Berne, nous sommes donc ultra-préparés, nous avons déjà testé notre approche à taille réelle durant les championnats d'Europe. Cette fois-ci, nous espérons arriver en demi-finale, confirmant ainsi notre position dans le milieu.

Nous sommes maintenant en huitièmes de finale. Nous entendons le public nous encourager plus fort à chaque passage, nous nous sentons bien, les problèmes de tonicité ont disparu. Nous nous qualifions pour les quarts de finale, on y est presque… Ça y est, nous sommes qualifiés pour la demi-finale des championnats du monde ! C'est incroyable, notre préparation a fonctionné. Ça a fait la blague jusqu'en demi-finale, j'y crois à peine…

Une chose étrange se passe durant cette demi-finale : le public perd son calme au fur et à mesure, il commence à scander notre numéro de brassard, à applaudir et à crier chaque fois que nous passons à proximité des tribunes. Mais nous ne sommes pas déstabilisés ; notre approche nous permet de rester dans notre bulle. Un ami dans le public m'expliquera plus tard que plus nous semblions nous enfermer dans notre cocon, sans se soucier de ce qui se passait à l'extérieur, plus le public devenait vocal.

Et la blague ne s'arrête pas là : nous sommes qualifiés pour la finale ! Incrédules, nous allons sur la piste… Le moment des notes arrive : 1, 1, 1, 1, 1, 1, 1, 1, 2.

Nous explosons de joie, nous sommes champions du monde de salsa !

Le public italien, à l'annonce des vainqueurs, en oublie que leur propre poulain fait une superbe troisième place. Deux mille personnes envahissent d'un coup la piste de danse pour nous saluer. Je n'oublierai jamais les Italiens pour leur soutien. Ni ce jour de décembre 2003.

The Cuba Diaries

Janvier 2004

J'ai du mal à croire qu'après toutes ces années à parler de Cuba, de sa musique, de ses danses, j'y suis.

Nous arrivons à l'aéroport José-Marti de La Havane le 7 janvier 2004. Comme nous l'avions imaginé, la musique est omniprésente dès notre sortie de l'appareil. Nous sommes accueillis par toute une délégation de l'ambassade anglaise ainsi que par le directeur des hôtels *Melia*. L'accueil est inattendu : il est déjà 23 heures, le vol n'a pas été des plus confortables et la préoccupation première de Jaci était de s'assurer que je ne prenne pas froid, au risque que se produise une nouvelle crise et de potentiellement ruiner notre voyage. Lorsque nous entrons dans la voiture, nous n'avons qu'une idée en tête : prendre une douche bien chaude, s'assurer une bonne nuit de sommeil. Il n'y a qu'en contrôlant les petits gestes du quotidien que nous nous en sortons.

Nous entrons quelques minutes plus tard au *Melia Cohiba*. D'un coup d'œil, nous comprenons que nous avons complètement sous-estimé ce que représente notre tournée cubaine. Nous pensions être invités à un échange culturel sympathique ; notre arrivée au *Melia* nous plonge dans un tourbillon qui durera plusieurs semaines. Une troupe de danseurs cubains, ainsi que tout le staff de l'hôtel nous attendent en haie d'honneur à quasiment minuit. Au vu du nombre de personnes, ils s'attendent sûrement à voir débarquer Jennifer Lopez, sauf que… c'est nous, et pas très frais. Ils dansent, chantent et nous accueillent comme je n'aurais jamais osé l'imaginer. Les attachés de l'ambassade nous laissent entre les mains de l'équipe de l'hôtel et nous disent que nous avons une journée tranquille le lendemain pour nous acclimater.

Les surprises ne s'arrêtent pas là. Lorsque nous sommes menés à notre chambre, on nous explique que nous sommes sur l'étage désigné « SR ». Je cherche, mais je ne trouve pas ce que cela pourrait être. À notre arrivée à l'étage en question, je comprends alors ce que signifie le sigle « SR » collé sur la porte qui s'ouvre devant nous : « *Servicio Real* ». Plusieurs membres du staff se relayent vingt-quatre heures sur vingt-quatre pour nous apporter tout ce dont nous pourrions avoir besoin, nous dit-on. À l'entrée dans la chambre, nous sommes bouche bée. Je n'aurais pas dû être surpris après cet accueil, mais avec une vue imprenable sur le Malecon d'un côté et La Havane de l'autre, l'effet est immédiat. Nous sommes en réalité dans la plus belle suite de l'hôtel, qui pourrait contenir plusieurs fois notre appartement londonien. Nous laissons le staff nous quitter, puis exécutons une danse de la joie à la hauteur de cet accueil complètement fou.

Le lendemain, nous sommes invités pour le *tea time* à la résidence de l'ambassadeur du Royaume-Uni à Cuba. Jaci décide de trouver des fleurs pour son épouse, Lynda. Nous partons vers le centre, La Habana Vieja. Les magnifiques maisons coloniales, multicolores, qui jalonnent les rues se dégradent petit à petit. Ce qui me frappe, c'est cette lumière douce qui accentue toutes les nuances de couleurs.

Bien que le déclin d'un passé fastueux soit présent à chaque coin de rue, il y a une contradiction qui me frappe bien plus que celle apparente dans l'architecture. Les Cubains sont à la fois réservés et chaleureux. Heureux de partager sans jamais trop en dire. Ils vous invitent en un instant à prendre le café avec eux, sans jamais oublier que les murs ont des oreilles, et qu'ils ont pour mission première de promouvoir le pays dans toute sa gloire communiste.

Il est évident que l'infrastructure est vieillissante et parfois même dangereuse. Vous trouverez dans les hôpitaux des médecins chaleureux parmi les mieux formés du monde, mais qui fonctionnent encore avec si peu de moyens. On ne peut cependant pas uniquement en attribuer la faute au communisme. L'embargo commercial imposé par Kennedy alors président des États-Unis en 1962 contribue également à la situation actuelle du pays.

Aussitôt les fleurs achetées, nous nous rendons à la résidence de nos hôtes, Son Excellence Paul Hare et son épouse Lynda. Nous sommes incroyablement nerveux. Depuis le début, nous nous sentons un peu dépassés par l'accueil démesuré à l'aéroport puis à l'hôtel. Nous sommes nous-mêmes lorsque nous sommes sur scène, mais dans la vie de tous les jours, nous avons tendance à tout faire pour nous fondre dans la foule.

Mais heureusement, dès notre arrivée, ils nous mettent immédiatement à l'aise.

« *Hi I'm Paul, and this is my wife Lynda.* » Ils nous demandent de les appeler par leurs prénoms, l'équivalent du tutoiement immédiat en anglais. Ils nous accueillent en tee-shirt, détendus. Je suis habillé en costume-cravate et Jaci en robe de cocktail. Honnêtement, avec le recul, nous avions des allures de ploucs en goguette.

Après avoir visité la demeure, ils nous montrent le clou du spectacle, la piscine intérieure, qui, à l'époque, est la seule de La Havane.

Je pensais que nous étions invités pour le *tea time*, mais rien n'est exactement comme on se l'imagine à Cuba, et l'ambassadeur prie son majordome de nous préparer des mojitos. Ce fut le meilleur *tea time* de tous les temps ! Je ne me souviens pas de grand-chose, si ce n'est qu'en plein milieu d'un fou rire, l'ambassadeur nous demande si nous connaissons un groupe cubain nommé Los Van Van ? Quelle question ! Il s'agit d'un super groupe cubain formé par Juan Formell, connu des initiés dans le monde entier depuis les années quatre-vingt comme le groupe qui exporte la salsa cubaine. Nous lui expliquons que, par ailleurs, nous avons gagné un de nos championnats avec un de leurs titres. Ils nous annoncent alors que nous danserons avec eux le lendemain… Aucune pression…

Un peu plus tard, je remarque que, disposés sur toutes les tables, se trouvent des revues telles que *National Geographic*, ainsi que des tomes actuels sur les dernières études de météorologie moderne. Je lui demande si c'est un hobby et il m'explique en aparté que son majordome est en réalité météorologue de formation, mais que malheureusement bien qu'en dehors de Cuba il occuperait un poste important, ici il est plus intéressant économiquement d'être majordome. L'ambassadeur lui laisse discrètement plein d'ouvrages pour qu'il reste au fait des dernières découvertes scientifiques.

Alors que nous sommes sur le point de partir, Paul nous demande si nous avons quelque chose de prévu pour le dimanche. N'étant pas sûrs du programme une fois arrivés à Cuba, nous n'avons pas osé faire de plans, au cas où. Il nous explique qu'il a organisé un cocktail avec quelques-uns de ses amis en notre honneur. Il nous propose d'effectuer une démonstration et nous montre la terrasse sur laquelle il envisage de nous faire danser. Aucun souci, nous sommes là pour ça, après tout.

Le lendemain, Jaci et moi débriefons ce *tea time* un peu particulier. Paul nous a donc annoncé la veille, entre deux mojitos, que nous danserions aujourd'hui au *Havana Café* avec le groupe Los Van Van.

Nous sommes installés au bar de l'hôtel, le *Havana Café*. La décoration de ce lieu est complètement folle, kitch, excentrique… Complètement « cliché ». À l'intérieur, on trouve une Chevrolet décapotable, une Buick des années cinquante, plusieurs Harley et surtout, suspendu au beau milieu de la salle : un avion, un biplace soviétique datant des années quarante. L'effet est immédiat, c'est fou, improbable, et pourtant ça marche. L'ambiance est cool, festive. Sur la scène, chaque soir se produit un mini cabaret et de temps à autre intervient un groupe phare du pays.

Nous profitons de l'après-midi pour nous entraîner sur scène sous les regards surpris du staff du bar et de l'hôtel. Perplexes, ils nous demandent si nous sommes cubains. Ils ont l'air d'apprécier de nous voir danser, je crois.

Le soir même, nous dansons notre spectacle, sur notre musique, tel que nous en avons l'habitude. Une équipe de la BBC suit nos aventures sur l'île. Elle passe de table en table pour recueillir les avis des spectateurs sur notre performance. Certains leur disent nous avoir déjà vus, que nous sommes une fierté du pays, que nous sommes le meilleur de ce que Cuba a à offrir. Lorsque le journaliste leur relate qu'il s'agit de notre première fois à Cuba et que nous dansons sous le drapeau britannique, un débat à la table est lancé concernant nos origines. Il est évident que nous sommes d'origine cubaine, même lointaine, nous ne sommes peut-être même pas au courant, mais pour eux, aucun doute. À Cuba, on ne plaisante pas avec le rhum, les cigares et la salsa.

Lorsque la BBC approche d'un chorégraphe renommé de l'île pour lui demander ce qu'il pense de notre performance, il admet que nous avons un style beaucoup plus moderne et influencé par les autres formes de danses actuelles que le pur style cubain, mais que pour lui il s'agit là d'une bonne chose, la modernité et la fusion permettant à la salsa de perdurer.

Los Van Van arrivent. Tout d'abord nous les écoutons de la salle, comme de simples spectateurs. L'énergie que dégage ce groupe est phénoménale ; au-delà du fait que nous connaissons tous les titres qu'ils jouent ce soir, c'est la puissance du *live* qui est enivrante. Il y a une douceur à l'écoute de leur musique couplée à une violence physique lorsque nos corps perçoivent le son des instruments de plein fouet qui sont en totale contradiction. Mais je ne peux l'expliquer autrement : la tête écoute de la musique, le corps, lui, est dans un ring de boxe.

Leur manager nous fait signe, c'est à nous d'entrer en scène. Mais où ? Los Van Van est un groupe composé d'une quinzaine d'artistes, il ne reste presque plus de place. Le chanteur nous montre une zone devant le groupe pas plus grande que 3 ou 4 mètres carrés... minuscule. D'un claquement de doigts, Juan Formell Junior, le chef d'orchestre, timbalista et, de plus, fils du fondateur du groupe, entraîne les musiciens dans un de nos titres préférés de leur répertoire, *Te pone la cabeza mala*. Mon Dieu, l'énergie sur scène ! Je me rends compte que les musiciens sont bien plus nombreux que je ne le pensais, certains se relayent même car l'intensité des morceaux est telle qu'ils ne peuvent pas jouer tous les morceaux d'affilée.

Nous entrons sur scène à travers les musiciens, qui chacun leur tour nous gratifient d'un petit signe chaleureux, bienveillant. Maintenant, à nous de faire nos preuves. Les champions du monde et le plus grand groupe cubain en même temps sur scène, aucun risque pour eux ; pour nous, en revanche, ce peut être plus dangereux. Si nous ne réussissons pas à danser avec eux, le public ne nous le pardonnera pas, c'est sûr !

Et c'est parti ! Nous dansons comme jamais. C'est drôle, mais le fait d'être au contact même des musiciens, de ressentir d'encore plus prêt les coups des congas, les timbales et même du piano rend notre corps plus dynamique, notre danse plus vivante. Nous sommes en train de vivre un moment inoubliable de nos carrières, nous en sommes déjà conscients.

Toute la famille de l'ambassadeur est présente dans le public, mais c'est la réaction des autres spectateurs qui, ce soir, est importante. C'est notre première performance sur l'île. Il n'y aura pas de seconde chance ; soit nous sommes acceptés et les prochaines semaines seront un plaisir, soit nous avons échoué dans notre mission avant même d'avoir commencé.

Les spectateurs ne sont pas vraiment spectateurs, car, à Cuba, quand il y a de la musique, on danse. Ils sont donc tous en train de danser à mille à l'heure. C'est un pur bonheur de regarder tout ce monde, sourire aux lèvres, s'amuser, se défouler. Le titre sur lequel nous dansons est presque un standard, tous connaissent la chanson et adorent danser dessus. Si ça se trouve, ils ne se rendront même pas compte que nous avons dansé.

Mais la magie opère. Après quelques secondes, le parterre de danseurs se tourne peu à peu vers la scène pour regarder ce couple venu d'Angleterre pour danser la salsa à Cuba. D'abord avec un peu de distance, et avec politesse. Mais le groupe décide de nous lâcher aux lions et part sur quelques mesures d'improvisation totale. Nous emboîtons le pas et réagissons à ces nouvelles instructions musicales. Ils continuent de nous tester, c'est exaltant, on pourrait penser qu'il s'agit d'une épreuve, mais c'est plus un rite de passage. Toute notre éducation de danseurs est mise à l'épreuve. Avons-nous vraiment compris la musique ? Avons-nous compris l'énergie ? Avons-nous compris l'aspect essentiel de « l'appel et la réponse », si présente dans toutes les musiques d'origine africaine ? « L'appel et la réponse » sont en effet un modèle musical omniprésent en Afrique : deux phrases musicales sont écrites, ou improvisées, de sorte que la seconde est clairement une réponse à la première. On peut aussi « répondre » à un appel musical par un ou plusieurs mouvements, par exemple.

Soudain, le groupe arrive à un accent musical et décide de marquer un arrêt brutal dans la musique. Nos corps se figent. Le silence est total. Après quelques longues secondes, nous comprenons que c'est le test ultime. Nous restons figés dans le silence musical du groupe. Le public nous regarde. Je commence à sourire un peu et fixe les spectateurs sur la piste de danse. Ils me regardent ; nous sommes connectés. Jaci est avec moi, elle est prête. Et alors que ne se sont écoulées que trois secondes de silence, je lâche un mot à pleins poumons : « *VAMOS !* » Le groupe répond en reprenant le titre par une montée en pression des percussions, comme si rien ne s'était passé. Mais la montée en puissance est telle que les spectateurs éruptent et se mettent à danser avec nous. Je ne peux pas trop décrire ce qui s'est passé ensuite, je sais juste que le titre qui devait durer trois ou quatre minutes en dura près de dix à cette même cadence infernale.

Lorsque nous sortons de scène nous sommes trempés des pieds à la tête. L'ambassadeur nous accueille dans la salle avec une immense fierté lisible sur son visage. Je suis tiré du bras par une jeune Cubaine. Et je danse plusieurs heures, comme le disait la chanson… pour le plaisir !

La maladie disparaît de mon esprit. Je danse à un moment avec plusieurs femmes en même temps, le tout dans une ambiance bon enfant. Jaci m'observe ; elle trouve drôlissime de me voir tiraillé dans tous les sens par ces Cubaines infatigables… À Cuba, on s'amuse. À Cuba, on se rappelle la nuit en dansant que nous sommes vivants. Ce soir, je ne sens pas de douleur. Ce soir, je danse.

Cuba, la Corée, et moi

11 janvier 2004

Ces quelques jours me font du bien : le rythme des journées me convient, j'ai le temps de me reposer. Je suis un peu inquiet de ne pas encore connaître notre planning. J'ai une peur bleue d'avoir un de mes épisodes douloureux durant ce voyage, il serait alors impossible de cacher ma maladie.

Jaci est incroyable. Nous sommes ensemble depuis sept ans maintenant, et chaque jour me rend plus heureux à ses côtés. J'admire son talent. Elle est douce, elle fait preuve d'une énergie folle, d'une bonne humeur permanente. Oui, je l'admets, je ne lui connais que peu de défauts. La bienveillance est la qualité qui est la plus importante au monde pour elle, elle ne peut voir quelqu'un souffrir sans l'aider. Elle ne critique jamais les gens et a un mal fou à accepter les compliments. J'ai rarement rencontré quelqu'un d'aussi créatif et qui cherchait autant à se cacher, à se fondre dans la masse pour ne jamais froisser, ne jamais paraître meilleure que quelqu'un d'autre.

Elle s'occupe de moi tout le temps, elle sait qu'à tout moment la corde peut casser et que je deviens, de manière inéluctable, incapable de fonctionner durant quelques jours, parfois quelques semaines.

Nous sommes prêts pour le cocktail chez l'ambassadeur. Après avoir enfilé nos costumes, Tanya, une des attachées culturelles de l'ambassade, nous demande de patienter dans le salon, car Paul est en train de finir un discours. Toujours curieux, nous l'écoutons, portes fermées, nous ne voyons pas à qui il s'adresse. Il parle de culture, d'art, de relations entre les pays, que les artistes sont les vecteurs premiers de la diplomatie. Il est en train d'annoncer son invité suivant. Le discours est tel que je commence à me demander s'il ne nous a pas oubliés, il ne nous a toujours pas introduits, et nous ne sommes pas près de l'être, car quand l'ambassadeur est lancé, il est si passionné que nul ne l'arrête…

Quelques instants plus tard, je me rends compte qu'il parle de nous. La situation nous semble totalement improbable : nous sommes de l'autre côté de l'Atlantique, aucun de nos proches n'est là, la famille et les copains ne croiront jamais à cette histoire ! Qu'un ambassadeur puisse tenir un tel discours à notre propos… Comment en est-on arrivé là ? Notre carrière nous semble être une succession maladroite de moments inespérés… Nous sommes très émus par ses mots, il donne une dimension culturelle à nos efforts qui nous touche.

Le discours de l'ambassadeur touche à sa fin, et sa dernière phrase nous lance. Nous émergeons du salon pour accéder à la terrasse, et nous sommes reçus par... près de deux cents personnes ! Nous nous attendions à une vingtaine... Bien que surpris, lorsque la musique commence, Jaci et moi passons dans un état second et nous nous lançons.

Nous avons choisi de danser sur un titre du groupe cubain avec qui nous avons dansé il y a quelques jours : Los Van Van. La beauté de la musique cubaine provient de la rythmique complexe créée par la superposition de rythmes assez simples, le tout guidé par un rythme appelé la *clave*. La *clave* veut littéralement dire la clé, le code, et sert de structure, de référent à tous les autres instruments du groupe. Il s'agit d'un son émanant de deux tubes en bois battus de façon syncopée, cinq fois sur deux mesures de musique. On retrouve la *clave* quasiment sur tout le continent américain et les Caraïbes. Bien que la *clave* brésilienne diffère de la *clave* cubaine ou de sa version *voodoo* en Louisianne, on reconnaît bien la *clave* lorsqu'on l'entend. Cet élément musical trouve ses origines dans la musique africaine, dont les peuples tristement exploités et vendus comme esclaves exportent alors leur musique qui se mêlera ensuite à la musique des colons européens. Pour moi, la *clave* est presque hypnotique : lorsque je l'entends, elle facilite mon passage vers la performance à réaliser. Je suis concentré tout en étant conscient du moment.

Tout à coup, je lève la tête pour exécuter un mouvement de notre chorégraphie. Je vois furtivement quelque chose d'étrange sur le bâtiment d'en face qui me perturbe. Jusqu'à la fin de la danse, je continue à regarder la zone en question. À quelques pas de la fin de notre démonstration, de nouveau je remarque quelque chose sur le toit. La musique arrive à son terme, les applaudissements surgissent. Je m'empresse de faire rentrer Jaci dans le salon d'où nous sommes sortis. J'aperçois un des attachés diplomatiques, je le prends à part et préviens : j'en suis sûr, une attaque est imminente. Je pense qu'il faut évacuer rapidement tous les invités et lui propose de les inviter à me suivre dans la maison. Je ne suis pas sûr de m'être clairement exprimé car l'attaché reste très détendu et je commence à paniquer. L'ambassadeur approche ; je lui dis que j'ai clairement aperçu un sniper ou plusieurs sur le toit d'en face et qu'ils pointent leurs armes sur nous et peut-être les invités.

Il explose de rire, suivi de près par l'attaché. Pendant de longues secondes l'attaché et l'ambassadeur… rient. Il finit par me dire que je n'ai absolument aucune raison de m'inquiéter. Ses « voisins » sont parfaitement sympathiques, quoique un peu « excentriques ». Il s'agit de la résidence de l'ambassadeur de la Corée du Nord, et que fréquemment les snipers coréens pointent les jardiniers de l'ambassade pendant qu'ils vaquent à leurs occupations. C'est un peu… leur passe-temps, puisqu'il ne se passe jamais rien pour ces soldats.

Après notre démonstration et ce quiproquo, les chaînes d'information CNN International et Euronews désirent nous interviewer. Notre mission était simple, danser et respectueusement montrer aux Cubains combien leur culture est appréciée du monde entier. Le journaliste de CNN souhaite un commentaire ouvertement anti-Castro, que je ne lui sers pas. Je ne suis ni politicien ni cubain, je n'ai aucun droit de critiquer ce pays, son système, son peuple. Donc je refuse et dirige l'interview vers l'échange culturel que nous avons à cœur de mettre en avant.

L'ambassadeur nous présente ensuite à quelques-uns de ses collègues : les ambassadeurs du Brésil, d'Argentine et de France. Je peux répondre à chacun dans sa langue respective ; mes parents auraient été fiers de voir cette interaction. Paul trouve l'échange formidable, et d'un sourire malicieux il me dit à l'oreille tout bas : « Si la danse ne fonctionne pas, n'hésite pas à m'appeler, j'aurai toujours un avenir pour toi dans le corps diplomatique... »

Et une carrière de plus à essayer !

Tournée cubaine et *Cabaret Tropicana*

Janvier - février 2004

Quand nous débutons notre tournée trois jours plus tard, il s'est déjà passé tant de choses depuis notre arrivée, nous avons hâte de voir la suite.

Durant les semaines suivantes, nous passons d'un hôtel à un autre pour y faire des démonstrations. Il s'agit d'une contrepartie pensée par l'ambassade pour que la chaîne des hôtels *Melia* sponsorise en partie notre venue. Ce qui nous séduit, c'est que chacun de ses hôtels a une troupe de danseurs dédiée et chaque jour nous nous joignons à eux pour les répétitions afin d'intégrer un de leurs tableaux de spectacle en plus de notre show.

Chaque fois, la visite prend la même tournure. La troupe qui nous accueille a été prévenue de notre arrivée de la façon suivante : les champions du monde de salsa viennent à l'hôtel, ils vont intégrer un de vos tableaux, et ils sont anglais et français. Cette entrée en matière a généralement le même impact partout : à notre arrivée, les danseurs sont courtois mais froids, et surtout outrés par le culot de ces Européens qui viennent leur montrer comment on danse la salsa…

Cela n'a bien sûr jamais été notre objectif, au contraire, nous voulons danser avec eux, apprendre et échanger. Heureusement chaque fois, après une demi-heure de répétitions intenses avec les troupes, ils remarquent vite que nous sommes heureux d'être là avec eux, et que si les répétitions pouvaient durer indéfiniment, nous serions tout aussi satisfaits.

Un jour, une troupe décidée à nous tester nous apprend une chorégraphie de cinq minutes en dix minutes de répétitions à peine. Il s'agit d'une *rueda*. Durant une *rueda* de casino, plusieurs couples dansent en cercle et exécutent simultanément des figures indiquées par un leader. Au fil de la musique, les changements de partenaires se succèdent en rythme et sont un des éléments les plus impressionnants de cette danse.

Bien qu'il existe une multitude de pas de base, ce jour-là, il s'agissait d'une *rueda* de show, avec une chorégraphie spécialement conçue par cette troupe, que nous ne connaissions évidemment pas. Imaginez notre surprise lorsqu'à un moment on entend le leader du groupe crier « *Salto* » et que les filles exécutent un saut périlleux, au-dessus des bras des danseurs. Mais, après un démarrage tendu, la troupe se détend et nous l'intégrons sans problème.

Les hôtels s'enchaînent, les spectacles aussi. Un problème de taille commence à apparaître. Après chaque performance, les différentes troupes nous offrent une bouteille de rhum Havana Club. Nous avons emporté nous aussi des cadeaux à distribuer, comme des chaussures de danse, des stylos, des crayons, car nos amis cubains à Londres nous expliquaient qu'il était très coûteux de s'en procurer. Au fur et à mesure que les valises se vidaient, elles se remplissaient de rhum, mais le rhum prend bien plus de place que des crayons, et nos valises, à l'intérieur desquelles les bouteilles cognent les unes contre les autres, commençaient à donner l'impression que nous avions un problème avec l'alcool…

Lorsque nous rentrons à La Havane après notre tournée, nous retrouvons la suite somptueuse du *Melia Cohiba*. Nous déballons nos affaires pour la dernière semaine. Ce jour-là, j'ai l'impression d'être un baron de la contrebande de rhum : nous avons des dizaines de bouteilles, des bouteilles partout. Compte tenu de notre consommation d'alcool, à Jaci et à moi, je pense que plusieurs générations de nos descendants pourront en profiter.

Le jour suivant, l'ambassade nous fait parvenir un message à l'hôtel : nous sommes conviés à aller rencontrer le metteur en scène du *Cabaret Tropicana*. Ce cabaret est une institution à Cuba. En place depuis 1939, c'est une revue dans la tradition des grands spectacles de Paris ou Las Vegas. Une centaine d'artistes, de chanteurs, de musiciens et de danseurs se produisent chaque soir dans un décor unique au monde. Le spectacle est donné à ciel ouvert. Il est surnommé : *Le Paradis sous les étoiles*, car, tout autour de la scène, des manguiers, des palmiers et une multitude de fleurs et d'arbres créent une ambiance tropicale. La nuit tombée, on a l'impression d'être en pleine jungle et à plusieurs moments du spectacle les chanteurs et les danseurs se retrouvent à plusieurs mètres du sol perchés dans les branches.

De Perez Prado, le roi du mambo, à Celia Cruz, la reine de la salsa, sans oublier Carmen Miranda, Nat King Cole, Joséphine Baker et Frank Sinatra, tous ont contribué à la splendeur de ce lieu hors du temps.

Nous arrivons sur place et, après une courte visite des lieux, nous sommes présentés au Maestro Tomás Morales, le directeur et metteur en scène du *Tropicana*, qui nous reçoit dans son bureau. Il nous révèle le passé du lieu, les stars qui ont rythmé son histoire, mais il est également curieux d'en apprendre davantage sur nous. Depuis des semaines, la presse cubaine et internationale suit nos aventures. Maestro Morales nous relate qu'il a suivi avec curiosité notre histoire, que plusieurs de ses élèves l'ont contacté pour lui raconter leurs rencontres avec ce couple « anglais » champion du monde. Il me dit qu'il veut nous rencontrer car les retours sont tous identiques : ils ne sont pas mal du tout, les « petits Anglais ».

J'écoute avec attention le Maestro Morales avec sous le bras la vidéo de notre prestation au *Habana Café* que vient de nous donner la BBC. Maestro Morales me demande de quoi il s'agit. Lorsque je lui explique que nous avons dansé avec Los Van Van, le sourire jusqu'aux oreilles, il me dit : « Ça, je dois le voir ! Montrez-moi la vidéo, s'il vous plaît ! »

Pendant ce qui nous semble être de longues minutes, il scrute notre performance, analyse le moindre de nos gestes. Lorsque la vidéo s'arrête, il se réinstalle au fond de son fauteuil, le regard perdu vers le plafond, un sourire aux lèvres, et il répète plusieurs fois : « *Que lindo, tanta modernidad.* » Joli, moderne, voilà ce qui le fascine tellement. Après tant d'années, cet artiste est toujours à la recherche d'évolution et de modernité. Il se penche vers nous : « Nous feriez-vous l'honneur d'être les premiers étrangers à danser au *Cabaret Tropicana* ? »

Après ces quelques semaines, nous comprenons ce que cette question veut dire réellement : nous sommes acceptés et reconnus pour notre travail. Nous acceptons bien sûr immédiatement. Notre performance sera pour le lendemain matin… Il nous précise avant de partir qu'il doit bien sûr obtenir l'aval du gouvernement, mais qu'il est confiant.

Nous sommes invités à assister au spectacle ce soir, quelle chance nous avons ! Le cabaret est fou, les danseurs splendides. Ils sont sur scène, dans les arbres, tout autour du public. Une armée de musiciens joue en *live*. Jaci et moi passons une soirée formidable, d'autant que Maestro Morales nous a donné ses places, les places du directeur, les meilleures de la salle. Légèrement surélevées et dans l'axe parfait de la scène pour pouvoir regarder le spectacle au mieux tous les soirs. Nous écoutons la succession de tableaux qui nous transportent. Tout y est, du boléro à la rumba, du son au mambo. À un moment, une danseuse se jette dans le vide de plusieurs mètres de haut, pour tomber beaucoup plus bas dans les bras de plusieurs danseurs. J'ai rarement été surpris par un effet scénique, celui-ci me coupe le souffle. À cet instant, je me dis que les normes de sécurité européennes ne nous laisseraient jamais jouer avec la vie d'un artiste comme ça, même si ça fait son effet !

Soudain, en plein milieu du spectacle, l'animateur prend la parole et annonce, en espagnol, que le *Cabaret Tropicana* est honoré de recevoir des invités d'honneur : les champions du monde de salsa ! Là, une poursuite nous éclaire. Jaci ne sait pas où se mettre. L'animateur annonce, cette fois-ci en anglais : « Mesdames et Messieurs, Jaclyn Spencer et Chris Marques, les champions du monde en titre, nous feront également l'honneur de danser au *Cabaret Tropicana* demain soir ! »

Quelques heures plus tard, de retour à l'hôtel, nous recevons un appel de l'ambassade : « *Fidel said yes, you are dancing at the Tropicana tomorrow night.* »

Nous danserons demain. Fidel a dit oui.

Derniers jours à Cuba

14 et 15 février 2004

Il y a quelques semaines, alors que nous étions avec l'ambassadeur, je lui ai expliqué que nous avions voulu tourner quelques images dans la vieille cité, mais que la tentative s'était soldée par un échec car les permis demandés étaient de presque… 10 000 dollars de l'heure ! Il n'est qu'à moitié surpris. Il me demande si ces clichés sont réellement importants. Je lui explique que, d'un point de vue personnel, cela sera sûrement notre seule archive de ce voyage.

Je me suis rendu compte alors à quel point nous étions chanceux aujourd'hui en tant que créateurs de pouvoir filmer, travailler, créer quand bon nous semble avec des qualités de production incroyables. Un drone peut remplacer les images que seul un hélicoptère aurait pu capter. Armé de mon téléphone, je peux désormais filmer des images impensables en 2004… Les développements technologiques ont changé nos vies. Ce constat me peine un peu : si seulement j'avais plus souvent pris des photos de ma vie avant cette époque, les gens qui m'ont quitté feraient encore un peu partie de mon quotidien…

Comme l'ambassadeur aime bien taquiner l'administration cubaine, il a une solution : il va nous prêter pour quelques heures le fourgon de l'ambassade, désigné comme véhicule diplomatique, les autorités ne devraient ainsi pas nous embêter. Je suis content que l'ambassadeur nous trouve une solution : demain est notre dernier jour à Cuba, et je refuse de partir sans une séance photo dans la Vieille Havane et quelques prises d'images rapides.

Il est 6 heures du matin le lendemain quand nous quittons l'hôtel pour la vieille ville. Ce soir nous dansons au *Tropicana*, et les heures sur l'île sont maintenant comptées. La lumière est indescriptible, tout est sublimé, textures, couleurs… Je n'en reviens pas comme l'image est immédiatement belle, sans traitement additionnel.

Nous avons trouvé un photographe et un vidéaste, Juan et Miguel, tous deux prêts à nous accompagner sur cette mission. Ils arrivent avec Luis, un adolescent cubain, qui va les assister. Nous montons dans le van de l'ambassade direction la Vieille Havane. Nous sommes en costumes : Jaci porte une robe rouge à franges et moi un costume blanc de la tête aux pieds… discrets !

Nous dansons devant le Capitole, devant les fameuses voitures vintage présentes sur quasiment toutes les cartes postales de Cuba, nous sommes même invités à venir filmer et danser dans les cours intérieures de certains édifices.

Un des moments les plus drôles capturé par le vidéaste s'est passé lorsque nous décidons de danser devant la peinture murale *Viva Cuba Libre*, une autre image omniprésente dans l'imaginaire collectif lorsqu'on parle de Cuba. Nous décidons de filmer à plat : le cameraman se place dans le van, face au mur de l'autre côté de la rue, et nous dansons sur le trottoir avec la fresque en fond. Au milieu de la prise, une voiture de police nous voit et, après avoir repéré la caméra, décide de s'arrêter hors champ un peu plus loin. Jaci et moi rentrons dans le van avec l'équipe et décidons d'essayer de semer les agents qui mettraient très sûrement un terme au shooting et confisqueraient définitivement ce que nous avons tourné jusqu'à présent. S'ensuit alors une mini course-poursuite à l'issue de laquelle nous réussissons à nous débarrasser des policiers.

L'arrêt suivant est chez l'ambassadeur, pour profiter de son toit panoramique et peut-être réussir une photo avec l'*Hotel Nacional* en fond… Je vous ai rapidement raconté un peu plus haut qu'un Francais dénommé Monsieur Pierre était le principal contributeur de l'essor mondial de la danse latine, et qu'il était venu à Cuba pour perfectionner ses connaissances. Ce voyage à Cuba fut une révélation pour lui. Ce que je ne vous ai pas raconté, c'est qu'un jour mon ami Paul Harris (à qui nous devons toute notre gratitude à vie pour nous avoir accompagnés comme mentor durant ces premières années) nous montre, quelques mois avant notre voyage à Cuba, un segment de film rare. On y voit Monsieur Pierre et sa partenaire Doris Lavelle apprendre à danser la rumba sur le toit panoramique d'une maison de

La Havane. Dans ma tête se forme alors une idée : pourquoi ne pas reproduire cinquante-sept ans plus tard une vidéo identique en hommage ?

Le tournage terminé sans encombre, nous arrivons à l'hôtel et je propose à l'équipe de venir déjeuner avec nous. Je vois qu'ils hésitent ; j'insiste en leur disant que cela nous ferait énormément plaisir.

Au moment de franchir la porte de l'hôtel, les agents de sécurité nous bloquent le passage. Ils m'expliquent que nos invités ne peuvent pas entrer, je leur dis qu'ils ont travaillé d'arrache-pied depuis 6 heures ce matin et que je souhaite qu'ils déjeunent avec nous. On me répète qu'ils n'ont pas le droit. Je regarde Jaci, qui prend Luis, l'assistant, par le bras tandis que je lui emboîte le pas avec le photographe et le réalisateur. Nous sommes presque à l'ascenseur, et les agents continuent de nous suivre pour nous empêcher de monter au restaurant. Poliment, nous forçons le pas et montons dans l'ascenseur. Juan et Miguel trouvent la situation très drôle, ils en ont vu d'autres. Ils étaient grands reporters auparavant et se sont trouvés dans des situations bien plus inconfortables ! Nous arrivons dans la salle à manger réservée au « service royal », nous nous installons et profitons enfin tous ensemble de ce moment de détente.

Luis, l'adolescent qui nous a assistés toute la matinée, n'ose pas se servir. Je l'accompagne jusqu'au buffet pour le lancer. Je me rends compte que malheureusement il n'a jamais vu une table aussi fournie et qu'il ne mange de la viande que rarement. Ce jour-là, il mange à sa faim.

Le directeur de l'hôtel s'approche de moi. Pour ne pas gêner l'équipe, je m'écarte de la table et lui demande quel est le problème. Il me répète qu'ils n'ont pas le droit d'être là ni de manger dans ce salon, parce qu'ils sont cubains. Je prends soudain conscience de ce système qui interdit à ses habitants de faire ce que tout touriste peut faire… Ils ont le droit de nous servir, mais pas d'en profiter. Je me rends compte aussi qu'en voulant leur rendre service, je vais peut-être leur créer des problèmes. Mais je trouve cela si injuste ! Je réponds au directeur que maintenant que nous sommes là, qu'ils sont assis et en plein déjeuner, ils vont terminer tranquillement, que je m'excuse et que je réglerais les repas de tout le monde.

Je retourne m'asseoir, et quelques instants plus tard on m'apporte un téléphone. C'est l'ambassadeur. Aïe… Notre hôte, si sympathique depuis notre arrivée, doit être déçu que je le mette dans l'embarras.

— Chris ?

— Oui ? Bonjour Paul, comment allez-vous ?

— C'est à vous qu'il faut demander ?

— Ça va, tout roule, mis à part ce petit problème à l'hôtel. Veuillez d'ailleurs accepter mes excuses, je ne souhaitais pas vous embarrasser.

— Aucun souci ! me dit-il. Au contraire, c'est exactement ce qu'il faut faire, le système peut être assez injuste, n'est-ce pas ? Vos amis sont donc à table en train de déjeuner en « service royal » ?

— Oui.

Il explose de rire.

— Quelle audace, c'est parfait, à ce soir, Chris.

Apothéose

15 février 2004, toujours

Après notre déjeuner mouvementé mais si agréable avec l'équipe photo, nous débarquons au *Tropicana* pour répéter sur scène vers 15 heures. À notre arrivée, quelques personnes de l'ambassade nous accueillent avec Maestro Morales. Ils sont si excités que je me demande si une tournée de mojitos n'est pas déjà passée par là...

On nous emmène en loge, notre maquilleuse nous explique que nous avons la loge des stars, et que la dernière fois qu'elle avait été utilisée, c'était par Señor Frank Sinatra. Et même si je ne doute pas de la véracité de cette information, il y a bien, sur les murs, les photos signées des plus grandes stars des années cinquante et soixante. OK, je vais avoir besoin de deux ou trois minutes pour digérer tout ça...

Il est temps de monter sur scène. Nous sommes positionnés sur une plaque tournante, qui se placera durant notre introduction. Ce qui veut dire que, pour être face au public pour commencer, nous devons lui tourner le dos d'abord. La plaque se met à tourner, la musique démarre, le rideau perlé s'ouvre et nous découvrons une quinzaine de caméras et de journalistes installés pour filmer, ce qui nous sera expliqué plus tard, comme un moment historique. Rien que ça.

Nous finissons la répétition et les journalistes des télévisions majeures d'Amérique du Nord et du Sud, Euronews, CNN, s'approchent. Tous veulent comprendre comment nous avons réussi à convaincre Fidel Castro de nous laisser danser et à nous reconnaître, nous des étrangers, comme champions du monde officiels de salsa.

J'aurais aimé avoir une réponse toute prête, mais je n'en ai aucune. Je n'en sais rien ! Juste à côté, j'entends Jaci donner une interview à la BBC. Lorsqu'elle est un peu nerveuse, son accent de Liverpool revient au galop, un peu comme un accent ch'ti bien marqué. On croirait un sketch de stand-up et tout ce qu'elle dit me fait hurler de rire… Le journaliste s'en rend compte et à son tour est pris d'un fou rire. Jaci sait exactement ce qui se passe dans ma tête et explose de rire elle aussi, avant de donner une de ses meilleures interviews !

Quelques heures plus tard, c'est à nous de danser. Un moment que nous n'oublierons pas de sitôt. Nous avons, depuis notre arrivée il y a quelques semaines, incorporé plus de figures cubaines à notre répertoire, mais nous avons également profité du temps que nous avions pour insérer un peu de street dans nos mouvements.

Le numéro se passe sans accrocs, le public nous remercie d'une standing ovation et nous ne pouvons en demander plus. C'est la consécration. Nous sortons de scène et Maestro Tomas est là pour nous récupérer. Il nous dit être aux anges, que nous devons être conscients de ce que représente cet instant, qui montre pour lui la fin d'une politique culturelle protectionniste de la part de Cuba et une ouverture à l'échange. Nous ne sommes que des danseurs, mais à Cuba, le moindre signe d'ouverture au monde, de détente diplomatique est reçu comme une réponse favorable des dieux. Et Cuba est si belle qu'elle mérite d'être vue par tout le monde une fois dans sa vie…

Tout à coup, on nous annonce que les danseurs étoiles du spectacle souhaitent que nous terminions le show à leurs côtés. Mais nous n'avons absolument rien répété, nous ne connaissons pas la chorégraphie… Ils nous disent de ne pas nous inquiéter, qu'il s'agit juste des saluts de fin, qu'il nous suffira de les suivre…

Et tandis que notre périple cubain touche maintenant à sa fin, nous nous élançons une dernière fois sur scène pour suivre les deux couples de danseurs étoiles. Ils parlent de salut, mais il s'agit en fait d'une chorégraphie de quasiment huit minutes qui clôture tout le spectacle… Qu'à cela ne tienne, nous n'avons pas fait tout ce chemin pour être déçus de notre dernière performance !

Le spectacle se termine, on ne peut le dire autrement, en apothéose, et nous avons la chance de réellement danser avec les danseurs du *Tropicana*.

Nous sortons de scène assaillis par les micros des journalistes. Tout va très vite. L'ambassadeur et sa famille sont heureux, nous aussi. Le retour à la vie normale sera difficile.

À peine de retour à Londres, nos téléphones ne cessent de sonner. Des messages arrivent non-stop des quatre coins du monde. Il semblerait que l'histoire du premier couple d'étrangers à danser au *Cabaret Tropicana* ait été diffusée dans des journaux télévisés de plusieurs pays. Toute notre famille en Espagne avait déjà vu les images avant même qu'on puisse leur raconter ! C'est une des premières fois de notre carrière où l'on sent que les choses sont en train de changer : d'abord, nous devenons champions du monde ; quelques semaines plus tard, nous sommes acceptés à Cuba… Nous sommes fiers, nous sommes heureux, mais par-dessus tout nous sommes conscients que ce qui vient de se passer n'est pas éphémère, du moins pas ce que cela représente. Personne ne pourra jamais nous retirer le fait que nous avons été les premiers non-Cubains de l'histoire du *Tropicana* à y danser, de surcroît en tant que champions du monde en titre.

Strictly Come Dancing

Mars 2004

Sans *Come Dancing*, il n'y aurait pas eu de *Strictly Come Dancing*, et sans *Strictly Come Dancing*, il n'y aurait jamais eu *Danse avec les stars*.

Pendant cinquante ans, ce programme de télévision dédié à la danse de salon a été diffusé sur la BBC. Les meilleurs couples du monde entier venaient danser sur la piste de l'émission, des danseurs professionnels et amateurs qui devenaient de véritables stars après leur passage à l'antenne. Jusqu'au début des années quatre-vingt-dix, toutes les familles regardaient l'émission.

Chaque année, durant le mois de décembre, tous les films musicaux de Fred Astaire, Cyd Charisse, Ginger Rogers et Gene Kelly sont diffusés. Ils annoncent l'arrivée de la période festive. Entre les films dansants, les comédies musicales de Londres et la popularité de *Come Dancing*, l'Anglais moyen est exposé à la danse de couples sous toutes ses formes. En 1998, alors que le monde est pris de

« Spice Mania » avec le succès du girl's band des Spice Girls, les dirigeants de la BBC décident d'arrêter l'émission.

Quelques années plus tard, en 2002, la BBC a besoin de nouveaux programmes. La télé-réalité commence à prendre une part importante du marché et les marques du groupe public sont vieillissantes. Durant une réunion de création particulièrement ennuyeuse – je relate exactement ce que m'a raconté la créatrice de *Strictly Come Dancing/Danse avec les stars*, Fenia Vardanis, chargée des divertissements –, celle-ci propose une idée qui lui tourne dans la tête depuis plusieurs mois. Elle souhaite mettre à l'antenne une compétition de danse où chaque couple est composé d'un professionnel de la danse et d'une célébrité. Après un éclat de rire général, l'idée est bottée en touche immédiatement. Durant plusieurs mois, elle propose en détail son idée, avec le même constat chaque fois : personne n'y croit, à part elle.

Des mois durant, aucune idée ni aucun format disponible sur le marché ne correspondent à cette volonté de trouver un « *shiny floor format* » [1] pour la BBC. Rien ne retient l'attention du *commissioner*, la personne chargée de sélectionner les programmes aptes à être développés en interne. Fenia continue de proposer sans relâche sa compétition de danse. Sans résultat. L'équipe exécutive est lassée.

1. *Shiny Floor Format* : format de télévision, d'habitude de divertissement souvent sur un sol en mélaminé brillant qui est généralement la marque d'un programme en *prime time*.

La BBC, en tant que chaîne de service public, est soumise à une charte royale qui définit ses objectifs et les limites de ses opérations. Une obligation importante de la *Beeb* est de développer des formats d'intérêt général qui ne trouveraient pas forcément d'acheteur sur le marché privé. La danse de salon est à l'époque encore un des passe-temps préféré mais inavouable des Britanniques. Il est important de noter que le culte de la célébrité est omniprésent au Royaume-Uni, l'intérêt porté aux stars étant soutenu par une industrie de la presse à scandale sous stéroïdes. Il est primordial que, chaque jour, un ragot soit élevé au rang de scandale national par une première page du *Sun* ou bien du *News of the World*. Malheureusement, le monde se souvient encore de la mort tragique de la princesse Diana, traquée par une armée de paparazzis dont les photos étaient presque exclusivement destinées à la presse britannique. A posteriori, ces éléments laissent présager que la compétition de danse proposée par Fenia réunit tous les éléments nécessaires à un véritable succès.

Le feu vert est donc donné pour tourner un pilote, une version taille réelle de l'émission, pour en estimer le potentiel. Mais, en interne, personne n'y croit ; il devenait juste nécessaire de tenter des choses…

C'est là, en mars 2014, que notre coach et ami Paul Harris nous appelle pour nous parler d'un job qu'il aimerait nous confier. La BBC l'a contacté pour travailler sur le pilote d'une nouvelle émission. Paul est un des chorégraphes les plus réputés en cinéma, et est absolument débordé de projets. Quand la BBC le contacte, elle cherche bien sûr un spécialiste des danses de salon, mais également une personne ayant des notions de réalisation et mise en image de la danse. Nous ne sommes pas nombreux à l'époque à avoir ces compétences et Paul nous fait confiance. Nous acceptons donc cette mission de courte durée.

L'objectif est simple : travailler main dans la main avec l'équipe fondatrice qui comprend entre autres la réalisation, la lumière et la productrice. Dès le premier rendez-vous, le courant passe entre l'équipe et nous. La méthode de travail anglaise est très agréable, ça rigole beaucoup, sans jamais oublier l'objectif à atteindre. Nous leur présentons les diverses danses possibles ainsi que leurs particularités : certaines sont statiques, d'autres demandent de se déplacer autour de la piste, certaines sont rythmées alors que d'autres bien plus glissées. Autant de critères qui déterminent ensuite le dessin du plateau, la structure de l'émission. Il est par exemple important au départ d'alterner les rythmes latins et les danses standards pour que tous les membres d'une famille trouvent rapidement une danse en adéquation avec leurs goûts. Nous restons quelques jours en compagnie de l'équipe, en nous disant que ça n'ira pas bien loin, mais nous passons un agréable moment. Peu de temps après, notre agent, Jenny Dunster, nous contacte : la BBC a demandé que nous participions au tournage du pilote. OK, pourquoi pas…

Le jour J, nous sommes aux studios de la BBC à White City. Le bâtiment, en forme de donut, abrite les studios de tournage au rez-de-chaussée et les bureaux de production juste au-dessus. Jaci et moi avions déjà travaillé sur des plateaux de cinéma et de publicité : Paul faisait appel à nous lorsqu'il avait des scènes de danse complexes à réaliser ; nous avons ainsi dansé pour lui sur une publicité TV pour l'office du tourisme britannique pour laquelle il avait privatisé Trafalgar Square une matinée entière… Mais l'énergie en télévision est très différente. Pour une publicité de trente secondes, trois jours de tournage sont nécessaires en général, soit dix secondes utiles par jour. Au cinéma, on passe approximativement quatre à huit minutes utiles par journée de tournage. En télévision, on tourne une émission par jour, soit jusqu'à cent quatre-vingts minutes utiles en une journée. Les conséquences sur le tournage sont importantes : l'organisation est minutieuse, chaque changement de décor ou séquence doit être effectué en quelques secondes. L'adrénaline est à son comble.

Nous intervenons dans le programme au moment où l'artiste de la semaine vient interpréter son dernier single. Cette séquence importante permet de clôturer les votes en ajoutant ceux du public à ceux du jury et de déterminer ainsi qui est éliminé de la compétition.

Quelque chose d'intéressant se produit au fur et à mesure que la journée avance. Les écrans de retour nous montrent en coulisse les plans du réalisateur et chaque fois nous sommes surpris par la beauté des images. Le glamour, le fun, la danse, tout est surprenant. Je n'en perds pas une miette, j'essaye de comprendre les rôles de chacun, comment les problèmes sont réglés en un instant. Je suis en train de vivre quelque chose de magique, j'ai trouvé un endroit qui me correspond, j'aime cette rapidité d'exécution, j'aime l'ingéniosité dont font preuve les producteurs, qui ne lâchent rien.

Je me retrouve scotché à l'écran quand une personne s'installe pour regarder avec moi. « *Is there anything better than live entertainment* ? » me dit-il (« Existe-t-il quelque chose de meilleur que le divertissement en direct ? »). Je lui réponds que non, l'adrénaline, la performance, pour moi, tout y est ! « *Right you are, young man… Right you are !* » Sans le savoir, je viens d'échanger avec une légende du music-hall et de la télévision britannique, Bruce Forsyth, l'animateur choisi pour présenter l'émission.

Quand la journée de tournage s'achève, Jaci et moi repartons avec des images somptueuses dans la tête, des étoiles dans les yeux. Et si une émission de danse pouvait vraiment marcher ?

« *The Shooty Salsa Guy* »

Novembre 2005

Le temps est venu de trouver un nom à l'émission. Deux choses contradictoires semblent essentielles : il doit s'inscrire dans la lignée de la tradition établie pendant cinquante ans par *Come Dancing*, mais également évoquer la nouveauté.

En 2004, le réalisateur australien Baz Luhrmann rencontre déjà depuis quelques années un énorme succès au box-office, tout d'abord avec son adaptation de *Roméo + Juliette* en 1996, devenu culte chez les adolescents des années quatre-vingt-dix, puis avec *Moulin Rouge*, deux films nommés aux Oscars. Lorsque *Moulin Rouge* ouvre le Festival de Cannes en 2001, son exubérance couplée à une habile campagne marketing lui permet de devenir l'événement de la Croisette, dont l'*after party* de la première projection deviendra mythique. À cette époque, les fans du réalisateur s'intéressent à son premier film, sorti en 1992, *Strictly Ballroom*. Luhrmann a conçu ses trois premiers films comme une trilogie, *The Red Curtain Trilogy*. Le film *Strictly Ballroom* est une immersion dans l'univers excentrique des compétitions de danses de salon en Australie. Le succès de *Roméo + Juliette* puis de *Moulin Rouge* a attiré une nouvelle clientèle vers *Strictly Ballroom*, lui conférant ainsi une position de film culte dans la culture populaire anglo-saxonne.

Donc Baz Luhrmann a le vent en poupe, et a donné l'idée d'ajouter le mot *Strictly* devant *Come Dancing*, permettant ainsi de respecter la tradition de la marque tout en lui conférant une direction nouvelle. Une nouvelle entité est née, *Strictly Come Dancing*, que le public français connaît sous sa déclinaison internationale : *Danse avec les stars*.

La première saison de *Strictly* démarre fort : le public adore cette émission que l'on peut regarder en famille. Et même si nous travaillons avec l'équipe depuis le début, c'est durant la saison 3 que Jaci et moi prenons une place importante dans le programme. La productrice souhaite ajouter des moments inattendus au potentiel comique ; elle me demande alors de créer une danse de groupe incluant tous les couples, stars incluses.

J'ai accepté cette proposition de la productrice mais demandé à mon agent de négocier deux points importants si je voulais que tout se passe bien : une voiture pour gérer nos déplacements liés à cette séance d'entraînements supplémentaires, à Jaci et à moi, exigence qui peut sembler anodine, mais pour des chorégraphes de télévision, à l'époque, c'est énorme ; et que la séance mise en place pour leur apprendre la chorégraphie n'excède pas quatre heures, sous prétexte que nous avions un autre engagement dans la journée.

En réalité, comme nous nous sommes promis de ne jamais avouer ma maladie, nous anticipions les problèmes au maximum. Les quatre heures sont déjà un exploit pour moi, les trajets en voiture me permettront de faire le plein de boissons énergisantes à l'aller, puis de dormir au retour si besoin.

Le jour venu, les couples arrivent en salle de répétition. Ils n'ont absolument pas l'habitude de travailler ensemble et l'ambiance est celle d'une cour de récréation. Je fais face à un groupe de célébrités ultraconnues des Britanniques : un champion de cricket, Darren Gough, un chef étoilé, James Martin, une star des feuilletons télévisés, Patsy Palmer, un champion olympique, Colin Jackson. Bref, des noms qui n'ont plus l'habitude d'être au garde-à-vous. Sauf que j'arrive en sachant que mes réserves ne sont pas illimitées, que le temps m'est compté, et je découvre un groupe en colonie de vacances.

Je commence le cours. Les caméras présentes en permanence ralentissent mon rythme, mais les cadreurs sont plutôt heureux de voir les artistes galérer, tous ensemble ! Je reste sympa, on rigole, mais nous approchons des deux heures et la chorégraphie est loin d'être sue.

Je décide alors de prendre le taureau par les cornes et de leur faire apprendre la chorégraphie en mode *boot camp*. Tu parles ? Fais-moi dix pompes, champion olympique ou pas ! Tu rates un pas ? Je te laisse une seconde chance, à la troisième, tu me refais la séquence dix fois… Bref, je deviens le caporal Marques ! J'ai eu une chance incroyable que ces notables aient immédiatement trouvé la situation drôle et m'aient suivi. Je gagne à cette occasion le surnom de « *Shouty Salsa Guy* ». Pas un titre formidable, mais ma carrière en télévision est lancée.

Après cette première intervention à l'antenne au Royaume-Uni, en effet, Jaci et moi intégrons toutes les émissions liées à la danse : *Strictly Dance Fever*, *So You Think You Can Dance*, *Ballroom High*. Bref, nous ne quittons plus les plateaux… Pour le meilleur mais pas toujours. Un jour, sur une émission dans laquelle nous étions coachs, on nous demande de faire une démonstration avec un artiste nommé Will Young, ce que nous acceptons avec plaisir. En salle, durant la création de la chorégraphie, Jaci me dit qu'une des phrases de la chanson, Une jolie balade, est intéressante : « *I'll always catch you when you fall* », « Je te rattraperai toujours si tu tombes ». Nous décidons d'imaginer une figure dans laquelle Jaci tombe en arrière et je la rattrape sur ces paroles. Pas très original, mais ça passe. Le soir du tournage, tout se passe bien, le plateau est chauffé à blanc, le public au top, même un peu trop… Je me mets à avoir un peu chaud, je sens mon corps se tendre un peu. Quelques minutes plus tard, nous commençons notre danse avec Will et arrive la phrase : « *I'll always catch you when you…* » Éclat de rire général dans la salle : Jaci est au sol, je ne l'ai pas rattrapée à temps… Au moins, on les aura surpris !

La renaissance

Octobre 2008

Durant la saison 6 de *Strictly Come Dancing* en 2008, nous aidons Erin Boag, une de nos amies, danseuse professionnelle de l'émission, à créer ses chorégraphies. Le rythme est effréné et elle a besoin d'aide. Après quelques semaines de tournage, nous nous lions d'amitié avec la star qu'elle accompagne, le champion de rugby Austin Healey. On rit beaucoup, les juges l'aiment bien, le public également, et il s'en sort admirablement bien avec des chorégraphies assez efficaces.

Un jour, durant le déjeuner il nous demande : « Pourquoi n'êtes-vous pas pro sur l'émission ? C'est tout de même fou que vous ne soyez à l'antenne qu'en tant que chorégraphes ? » J'ignore pourquoi, mais ce jour-là je n'ai plus envie de mentir et je lui avoue que je suis malade, et que je ne tiendrais pas le coup. Il me demande ce que j'ai. Lorsqu'il m'entend prononcer les mots « encéphalomyélite myalgique », sa réaction est immédiate. Il me dit que sa femme souffre de la même chose, et que l'on doit se parler…

Un peu plus tard dans la journée, Austin et moi sortons prendre l'air. Il m'explique alors que son épouse souffre d'encéphalomyélite myalgique depuis plusieurs années. Il a dépensé des sommes astronomiques pour trouver un traitement, mais rien n'a marché. À court d'idées, il décide de donner sa chance à un traitement conçu il y a vingt ans et qui semble donner de bons résultats sur les patients. Après quelques jours de travail avec M. Parker, à l'origine du traitement, son épouse se remet rapidement à avoir une vie normale, et son état s'améliore encore les mois suivants. Il me demande si je souhaite tenter ma chance avec ce même traitement. N'ayant plus rien à perdre, j'accepte.

Bien que rien ne vienne jamais se substituer à la médecine traditionnelle, le traitement consiste à faire comprendre à chacun que nous sommes à même d'améliorer certaines fonctions physiques en utilisant des techniques établies et étudiées, liées au contrôle de la fonction respiratoire, de la tension musculaire, ainsi que des techniques de méditation de pleine conscience [1]. J'ai ainsi repris le contrôle sur certaines fonctions physiques qui malheureusement, sur la durée, plaçaient mon corps dans un état inflammatoire qui favorisait les attaques fréquentes liées à la myéloencéphalite.

1. « "*Brain over body*". *A study on the willful regulation of autonomic function during cold exposure* », PubMed (nih.gov).

« *Voluntary activation of the sympathetic nervous system and attenuation of the innate immune response in humans* », PubMed (nih.gov).

Je ne suis pas qualifié pour évaluer la méthode de Phil Parker, mais je dois admettre qu'après quelques jours de travail avec lui, des choses que je n'ai pas faites depuis des années commencent à m'être à nouveau possibles. Je réussis à contrôler un peu mieux les crises, jusqu'à les faire disparaître complètement quelques semaines plus tard. Je retrouve la vie. Je ne sais pas si cela fonctionnerait chez tout le monde, mais moi, je me sens renaître, jour après jour.

Je peux affronter le futur avec audace plutôt que dans la peur.

La vie d'après

Novembre 2008

Quelques semaines à peine après mon traitement, Erin, notre amie danseuse, et Jenny Dunster, notre agent, nous annoncent une bonne nouvelle. Nous sommes choisis pour participer à une tournée avec des orchestres de renom tels que le London Concert Orchestra. Nous avons la charge de toutes les danses latines, Anton Du Beke (un autre danseur professionnel de *Strictly*) et Erin s'occuperont des danses standards. De plus, nous exécuterons quelques danses à quatre pour rythmer le spectacle. Nous sommes très heureux. C'est mon premier challenge post-maladie…

Les répétitions commencent et peu à peu nous retrouvons notre capacité à travailler des heures d'affilée. Lors d'une discussion avec Jaci, je lui dis que j'ai envie de tenter une nouveauté : je souhaite, durant cette tournée, intégrer des portés, qui n'existent techniquement pas en danse de couples, mais sont un élément essentiel de la danse de show.

Comment apprendre rapidement les techniques liées aux portés ? Je me souviens alors que Jenny nous a parlé d'un couple à qui elle faisait appel souvent, Juan et Jackie – lui est cubain et elle britannique –, respectés dans le monde entier pour leur performance d'acro-balance, une forme de danse acrobatique empruntée principalement au monde du cirque où les gymnastes/danseurs exécutent des acrobaties tout en étant en équilibre sur des objets instables. C'est exactement ce qu'il nous faut.

Quelques jours plus tard, nous commençons les cours particuliers à l'*École du cirque* de Londres. Je prends le temps d'expliquer à nos coachs pourquoi nous sommes là et que nous ne sommes pas encore en pleine forme physique.

— *No problem*, me dit Juan avec son accent cubain qui surligne chaque mot. On va s'échauffer, mettez-vous sur le dos.

Je pense avoir enfin trouvé quelqu'un qui me comprend : s'échauffer couché sur le dos… C'est pour moi, ça ! Il enchaîne :

— Jaci… Mettez-vous sur les mains de Chris, en appui tendu renversé.

— Hein ? Quoi ? Je suis censé la tenir comme ça pendant qu'elle est en équilibre sur ses deux mains à l'envers ?

— Chris, chut ! On ne parle pas ! C'est parti, Chris, maintenant tu fais tes pompes.

Vous auriez dû me voir essayer de faire monter et descendre Jaci au-dessus de moi… Juan en voulait trente, je lui en ai donné cinq… et j'ai « mouru ».

Sauf que le lascar n'en a pas fini, et je peux vous assurer qu'après les pompes à la Juan j'ai déjà tout donné… Il pointe une échelle plaquée au mur et demande à Jaci de monter à peu près à 1,60 mètre du sol. Elle s'exécute. Je me rassure en me disant qu'il va s'occuper d'elle un peu, que je peux respirer. Il n'y a pas d'amour en répétitions, si c'est le prix à payer… Je valide ! Je ris un peu d'ailleurs en imaginant ce qu'il va bien lui faire faire en haut de cette échelle…

— Chris, mets-toi dos à l'échelle.

— Non, non, c'est OK, Jaci a besoin de bosser un peu, je peux passer après…

— Chut ! Parle une fois de plus et c'est cinquante pompes.

Tout se paye, dans cette vie ! Je m'avance, me positionne dos à l'échelle.

— Jaci, mets un pied sur chaque épaule de Chris.

Je n'avais plus du tout envie de rire. Il va m'achever aujourd'hui, ici, en moins d'une heure, cette fois c'est certain… J'aurai survécu aux snipers coréens, mais pas au circassien cubain… Les communistes m'auront, d'une façon ou une autre !

— Chris ! C'est parti pour les squats.

Une perle de sueur tombe du coin de mon œil. Oui, j'ai écrit sueur, et alors ?

J'en réussis tout de même une vingtaine, tandis que je sens Jaci se tordre de rire au-dessus de moi… Moi, je m'amuse beaucoup moins, mais je commence à ressentir une certaine fierté. Je ne brille pas, mais je survis tout de même à plusieurs épreuves dignes de *Koh Lanta*.

Pour finir, il nous demande de nous coucher au sol de nouveau. Sa femme et lui se mettent à nos côtés. Juan se couche complètement et hurle :

— Cinq cents abdos, c'est parti !

J'ai tellement mal, tous mes muscles sont en feu, je suis terrassé de fatigue comme je ne l'ai jamais été de ma vie, je suis à ma limite maximale. Je pense être dans cette même zone que connaissent les marathoniens kényans à quelques centaines de mètres de l'arrivée. J'en profite pour signaler que si quelqu'un a un souci avec le fait que je me compare à un marathonien ou un champion olympique, je lui recommande de fermer ce livre : ça va être de pire en pire maintenant que j'ai retrouvé ma forme !

Après cette séance de fitness de gladiateur, Juan nous annonce que l'échauffement est terminé et que l'entraînement peut commencer. Je lui explique alors que je me sens prêt à rentrer… Juan me fait savoir par cinquante pompes supplémentaires que j'ai dépassé les bornes. OK, j'ai compris…

Le premier porté qu'ils nous font travailler est plutôt un équilibre : je suis en fente, les deux mains de Jaci fermement tenues par les miennes, et Jaci est censée se renverser pour faire le grand écart à l'envers et… ça marche ! Je suis épaté. Mais Juan m'explique que je n'ai rien fait et que Jaci a tout le mérite. L'histoire de ma vie, quoi…

Nous enchaînons ensuite avec un porté qui s'appelle le *scarf*, ou l'écharpe : après un tour d'élan, la danseuse est propulsée autour du cou du danseur à pleine vitesse, pour atterrir dans ses bras dans la position du bébé qui dort. La figure est très technique, et surtout je ne suis pas certain d'avoir les bras aussi longs que ceux de Juan : il arrive à toucher le sol quasiment sans se baisser, je n'y parviens pas, même en me baissant. Il nous décrypte la technique, et nous essayons une première fois. Pas assez de rotation, je ne réussis pas récupérer Jaci correctement. Au deuxième essai, ça va beaucoup mieux, mais manque de fluidité. Troisième essai, je suis remonté à bloc, je me prépare, Jaci s'élance, et je lui donne assez de force pour qu'elle fasse deux fois le tour de mon cou. Mais je suis si content que je ne sais toujours pas pourquoi, au moment où elle passe derrière ma tête, je baisse la tête… Mesdames et messieurs, une Anglaise volante, une Jaci m'échappe et s'envole pour aller s'écraser sur le tapis un mètre devant moi. J'ai peur qu'elle se soit fait mal, je cours la relever, mais elle explose de rire tellement nous sommes nuls… C'est le cours de clown que nous aurions dû choisir !

La fin de la séance arrive, et à ma grande surprise Juan et Jaclyn nous félicitent : nous avons du talent et nous avons fait bien plus que ce qu'ils avaient prévu pour nous. Notre formation dure pendant trois semaines. J'ose à peine le croire mais j'entraperçois un soupçon de structure abdominale au bout de quinze jours, que j'exhibe fièrement en déambulant torse nu à la maison. Quelques instants plus tard, Jaci me propose de manger léger pendant quelques jours, ça nous fera du bien...

La croisière s'amuse

Décembre 2008

Nous avons décroché un gros contrat il y a deux ans déjà pour Carnival Cruises, la plus grosse compagnie de croisières au monde. Nous avons signé pour une quinzaine de missions sur l'année : nous rejoignons un paquebot, voyageons comme les passagers dans une cabine splendide, profitons pleinement du voyage et nous nous produisons sur scène deux fois par semaine, puis finissons avec un cours de danse pour les passagers un après-midi. Les voyages sont fabuleux, nous avons fait des traversées incroyables, telles que Hongkong-Bali, ou bien Cozumel-Miami en passant par La Nouvelle-Orléans.

Pendant que j'étais malade, ces voyages nous permettaient de travailler pendant quelques heures et à moi de me coucher dans la demi-heure qui suivait nos performances. C'était réellement une aubaine pour nous. Depuis que je suis rétabli, les voyages sont différents : nous profitons enfin des escales.

Lors de l'une d'entre elles, nous débarquons sur l'île de Saint-Martin, puis nous rejoignons un petit coucou de six places pour gagner l'île de Tortola. Je n'oublierai jamais la tête de Jaci lorsque le copilote ferme la porte de l'avion juste avec deux loquets… Le vol est génial : nous survolons l'île à une altitude à peine plus élevée que les points les plus hauts, et nous pouvons voir les habitations changer, la végétation et ses couleurs vibrantes… c'est splendide. Une fois sur le paquebot, nous connaissons déjà les équipes avec qui nous avons travaillé plusieurs fois, l'ambiance est toujours ultra-détendue, bon enfant.

Les croisières ont leurs propres codes, que nous ne connaissions absolument pas. Je me souviens, lors de notre première croisière en mer Baltique, avoir reçu en cabine un programme nous indiquant notre table dans la grande salle du restaurant. Pensant qu'il s'agissait là de notre seule option pour dîner, nous nous présentons à l'heure et prenons place. Or pour la génération de la majorité des clients de croisières, à savoir celle de nos grands-parents, arriver à l'heure, c'est déjà être en retard, et nous nous retrouvons face à une table pleine qui nous attend. Tout le monde a plus de 80 ans…

— Bonsoir.

— Ah ! Enfin des jeunes sur ce navire !

— Combien de croisières avez-vous déjà faites ?

Je réponds que c'est notre premier voyage, mais que nous allons nous produire dans quelques jours. Ils entreprennent alors chacun son tour de nous dire combien de croisières ils ont déjà effectuées :

— Je suis sur les croisières depuis vingt-cinq ans, me dit l'un.

— Je vis sur les bateaux depuis plus de quinze ans, me dit l'autre.

Certains me racontent avoir vendu leurs biens immobiliers et avoir choisi de vivre à temps quasi complet sur les bateaux. Ils m'expliquent que chaque bateau a un hôpital pour des soins médicaux à moins de cinq minutes de leurs cabines, que pour se détendre ils ont accès à tout ce dont ils peuvent rêver, du théâtre au cinéma en passant par les bars et le casino, ainsi que des mini-centres commerciaux qui exposent la mode « dernier cri ». Ce mode de vie alternatif qu'ils ont tous choisi leur assure un confort indéniable, au prix de ne pouvoir être entourés de leurs proches si jamais il leur arrivait malheur en mer. Ils m'assurent que c'est mieux ainsi, je n'en suis pas forcément convaincu.

Ils nous donnent également tous les codes essentiels des croisières : quels lieux fréquenter, à quelle heure, quel événement ne jamais rater sur le navire, bref tout ce dont nous aurons besoin dans à peu près cinquante ans…

Le voyage qui nous amène sur l'île de Tortola se terminera près d'Orlando en Floride. Je décide de rester quelques jours de plus avant de rentrer et d'en profiter pour emmener Jaci visiter Disney World, dont nous n'avons pas pu profiter la première fois car j'étais trop malade.

Créer de nouveaux souvenirs pour effacer les instants manqués est une de mes nouvelles missions. Marcher des journées entières dans les parcs nous était impossible avant… J'ai une idée de génie, une fois sur place – oui, de génie, carrément ! –, pourquoi ne pas déjeuner au château de Cendrillon ? Le rêve de toutes les petites filles… Je me suis dit que cela serait mignonnement romantique. J'ai oublié de vous dire que lorsque nous sommes venus la première fois, nous avons pu entrer dans le parc, mais les distances, les températures, le bruit étaient un calvaire pour moi. Notre seul moment de détente fut le déjeuner au château, qui était franchement pas mal, menu sympa, le tout dans une ambiance médiévale à la « Disney ». Jaci a bien aimé. Je crois savoir ce que vous pensez, mais honnêtement, il ne nous faut pas grand-chose pour passer un bon moment, à Jaci et à moi. Vous avez dit médiéval ? Disney ? Manger ? On prend et on en redemande ! Je décide donc de retourner au château de Cendrillon avec Jaci pour un déjeuner reposant.

Il s'agit de leur nouvelle formule, « Le Château des princesses ». Lorsque je réserve, on me demande combien nous sommes.

— Juste nous deux, merci.

— N'oubliez pas, c'est le déjeuner des princes et des princesses.

— Oui, oui, on l'a déjà fait, pas de soucis.

Nous revenons deux heures plus tard. À l'entrée, on nous donne deux étoiles en plastique à garder pendant tout le déjeuner. OK… Je ne me souviens pas de ce détail, j'espère que ce n'est pas un de ces trucs qui vibrent et s'affichent dans tout le resto quand ton repas est prêt. Non, ce n'est pas possible, c'est un service à table, ultra sympa ; la dernière fois, nous avons d'ailleurs été surpris d'avoir aussi bien mangé.

Nous arrivons au premier étage sans file d'attente. Une hôtesse nous accueille pour nous emmener à table. Je remarque tout de même beaucoup, beaucoup d'enfants, bien plus même que d'habitude dans un restaurant Disney. Une fois assis on nous apporte le menu. Je commence à remarquer les regards un peu bizarres des autres adultes. Il est vrai que nous sommes la seule table sans enfant. Les propositions du menu sont un peu plus limitées que ce dont j'ai le souvenir : burger, frites, nuggets… Bon, on va faire avec.

Tout à coup, coup de tonnerre dans la salle avec effets de lumière… J'entends les premières notes de la chanson *Quand on prie la bonne étoile* et une voix retentit :

« Bienvenue à tous les petits princes et toutes les petites princesses ! Les princesses de Disney ne sont pas loin, et si nous faisions un vœu ensemble ? »

Merde…

« Levez votre étoile de vœux bien haut, et faites un joli vœu. »

Re-merde…

« Et les voici, elles arrivent, Blanche-Neige, Cendrillon, Pocahontas, Jasmine, elles sont toutes là ! »

Le cauchemar continue. Il s'agit donc d'un dîner des princesses Disney pour les enfants, mais pour les petits, petits enfants. Nous avons l'air de deux idiots. Jaci trouve tout ça drôlissime ; quant à moi, je souhaite juste me faire tout petit et partir aussi vite que possible, quand tout à coup :

— Bonjour à tous les deux, comment allez-vous en cette belle journée ?

Blanche-Neige s'adresse à nous. Je répète : Blanche-Neige s'adresse à nous… J'ai tellement honte…

— Bonjour, euh… Mais occupez-vous des petits, les pauvres, ils vous regardent tous…

Donc toutes les tables regardent la nôtre. Mais Blanche-Neige n'est pas décidée à lâcher l'affaire.

— Je suis Blanche-Neige. Comment vous appelez-vous tous les deux ?

— Chris, j'annonce tête baissée.

Jaci, grand sourire aux lèvres, en mode « kif de ouf », lui répond également.

Je veux plus que tout, de tout mon corps, que cet instant s'arrête.

— Et d'où venez-vous, tous les deux ?

— De Londres, lui dit Jaci, qui continue de jouer le jeu.

— Non mais ne vous occupez pas de nous, je vous en prie, allez à la table suivante…

— De Londres ? Mais vous venez de si loin… Êtes-vous venus à la nage ? nous dit-elle de sa voix de princesse. Cendrillon, Pocahontas… Mes deux amis ici viennent d'Angleterre.

Nous faisons maintenant partie intégrante du spectacle. Toutes les princesses sont réunies autour de notre table. Je suis coincé dans ce monde parallèle où j'essaie de parler aux actrices derrière les costumes, mais rien n'y fait, c'est toujours Cendrillon, Pocahontas ou Blanche-Neige qui répond. Ils sont vraiment bons, chez Disney… Je réalise un peu plus tard que les équipes ont trouvé si drôle que nous n'ayons pas compris le thème du déjeuner qu'ils allaient le rendre inoubliable pour nous aussi.

En tout cas, nous nous créons bien des nouveaux souvenirs, mais je ne suis pas sûr de vouloir m'en souvenir…

PS : Jaci me demande de préciser qu'en faisant le ménage un jour elle a retrouvé mon étoile comme par hasard dans un tiroir de mon bureau…

Banane, gomina et Gipsy Kings

Mars 2010

J'ai besoin de changer mon image. Même si je n'en parlais pas, ma maladie m'a défini pendant un peu plus de dix ans. Changer mon image, c'est tourner la page, passer à autre chose. Dans un documentaire sur le comédien Russell Brand, le réalisateur lui pose la question suivante : « Quels sont les meilleurs conseils que l'on vous ait donnés, ceux qui ont réellement affecté positivement votre carrière ? »

Le comédien répond : « Un de mes mentors m'a dit un jour : "Russell, sois reconnaissable de profil en ombre chinoise." »

J'ai bien aimé l'idée, s'amuser avec son image. À l'époque, le chanteur Robbie Williams avait une coupe assez stylée appelée en Angleterre le « pompadour ». Il était en plein dans la vague swing et crooner de sa carrière, et arborait une coiffure remarquable, qui le rendait immédiatement reconnaissable. Je décide alors de me faire la même coupe que Robbie Williams. La « banane » était née.

Peu de temps après, Jenny, notre agent, m'appelle pour me demander si nous sommes disponibles pour un événement quarante-huit heures plus tard, mais qu'elle ne peut rien nous dire de plus, si ce n'est que c'est bien payé et qu'il nous faut notre passeport… Nous voilà partis pour exécuter deux danses à un mariage dans un château splendide à une dizaine de kilomètres de Lyon. Tout est tenu si secret, j'ai hâte de découvrir qui peut bien se cacher derrière cet événement. Nous devons danser avec l'orchestre que les mariés ont choisi, mais impossible de répéter avec eux. Nous ne découvrirons donc la musique que quelques heures avant la performance.

Nous arrivons au château en même temps que deux hélicoptères. On m'explique qu'il s'agit du marié, qui souhaitait faire une dégustation de vin à 200 kilomètres de là le jour du mariage. Pourquoi pas…

Nous devons nous préparer pour notre unique répétition. Notre « loge » est une salle du château immense. Très rapidement, on nous dit que c'est à nous de répéter, que le groupe a déjà commencé. On nous mène alors par un passage souterrain bordé de centaines de bougies, dont l'effet est inoubliable. Je perçois de la musique au loin ; le groupe n'a pas commencé les répétitions, puisque j'entends encore la sélection musicale du DJ en mode *Bamboleo*.

Le lieu est réellement splendide. Nous émergeons du tunnel à l'intérieur d'une grange aménagée luxueusement pour l'occasion. La *wedding planeuse* me demande de la suivre ; elle va nous présenter au groupe. Et là, je reste bouche bée devant les Gipsy Kings, les vrais, *Bamboleo* et *Djobi Djoba.* Voilà le groupe avec qui nous allons danser, et c'était donc bien eux que j'entendais ! Absolument dingue. Je ne me rappelle pas le couple qui s'est marié ; cet événement est resté gravé dans notre tête comme le mariage des Gipsy Kings…

À mon retour, j'appelle Jenny Dunster pour lui raconter notre week-end avec les Gipsy. Elle était bien sûr au courant, mais comme elle savait que j'avais grandi au son de leur musique, et que *Djobi Djoba* et *Bamboleo* sont presque les chants de Noël officiels de la famille Marques, elle a voulu nous réserver la surprise.

Elle enchaîne rapidement sur le reste des projets en cours et j'en profite pour lui dire que mon frère Mickaël m'a fait savoir qu'il y a une possibilité que *Strictly Come Dancing* soit racheté par TF1 en France. Elle me demande si cela s'appelle *Danse avec les stars*, car elle vient justement de recevoir un mail d'une directrice de casting, Laurence Guillet, qui souhaiterait nous voir à Paris pour le casting des membres du jury de l'émission. Je n'y crois pas trop, mais j'ai vu cette aventure changer la vie de tant d'amis au Royaume-Uni et aux États-Unis… que je me dois d'y aller.

Quelques jours plus tard nous sommes dans l'Eurostar, direction Paris.

Retour à Paris

Décembre 2010

Je suis dans le hall de TF1. Non, mais tu te rends compte, c'est complètement fou… Jaci est nerveuse ; quant à moi, je me sens juste comme un gamin qui n'arrive pas à croire que je suis là. Ma carrière m'a tellement éloigné de mon enfance française, de ces repères qui deviennent plus tard des doudous, qui nous rassurent, qui nous enracinent. Pour moi, TF1, c'est tout ça à la fois. C'était la chaîne sur laquelle le téléviseur familial était allumé à midi, au dîner et le soir, mais également les mercredis avec mon frère et ma sœur. TF1, c'est un peu ma madeleine de Proust, la chaîne qui me vendait du rêve.

Aujourd'hui, peut-être pour la première fois depuis bien longtemps, je suis nerveux. Non pas à cause du casting, mais plutôt parce que je ne connais quasiment rien de la culture télévisuelle française des vingt dernières années. Je peux vous parler avec plaisir des émissions satiriques les plus cool des États-Unis et du Royaume-Uni, je peux décortiquer la fabrication des plus grosses émissions de divertissement. Mais parlez-moi de la *Star Academy*, que je n'ai jamais vue, mis à part quelques extraits ici et là, de *Loft Story*, que je n'ai jamais regardé ; et je deviens muet. Je n'ai pas vécu ces périodes folles qui ont marqué la télévision des deux dernières décennies. Mon angoisse est de ne pas être à la hauteur ni d'avoir les connaissances nécessaires pour juger des stars que je ne connaîtrai peut-être pas. Je n'aurai pas vu leurs films, ni écouté leurs albums, ni regardé leurs émissions, je ne pourrai juger que la danse…

Laurence, la directrice de casting, me reçoit, et commence par me poser quelques questions sur ma carrière pour me mettre à l'aise, la danse, mon rôle dans *Strictly Come Dancing*. Après une vingtaine de minutes d'entretien filmé, elle m'annonce que nous avons terminé. Je n'ai pas vu le temps passer. Elle me demande si j'ai un instant pour rencontrer les producteurs de l'émission, qui seraient ravis, me dit-elle. Quelques minutes plus tard, je suis dans les bureaux de TF1 Production. J'y rencontre Déborah Nahon, chef de projet du programme, et son équipe, tous sympathiques. Ils ont mille et une questions à me poser sur la fabrication de l'émission en Angleterre ; avoir quelqu'un sous la main qui connaît le format initial depuis ses débuts est une aubaine. Les quelques minutes deviennent rapidement une demi-heure, puis une heure. Je quitte TF1 avec l'impression d'avoir au moins été à même d'aider un peu l'équipe de production à démarrer cette nouvelle aventure. Je les envie tant, je sais ce qu'ils vont vivre. C'est une émission riche en émotions, qui donne énormément en retour à ceux qui la fabriquent. Les heures sont bien sûr interminables, mais il y a réellement le sentiment du travail accompli sur *Strictly Come Dancing* : lorsque la diffusion s'achève, le soir même, vous savez que vous avez créé un spectacle auquel des millions de personnes ont assisté. D'autres formats de divertissement connaissent le même succès, mais ils ne regroupent pas forcément les valeurs humaines et artistiques de *Danse avec les stars* (*DALS*). *Strictly Come Dancing* a tout pour plaire. Plaira-t-il à la France ? Elle fait souvent office de territoire difficile à conquérir pour de nouveaux formats.

Quelques jours plus tard, Jenny m'appelle pour me dire que, contre toute attente, ils souhaitent me faire une proposition, non pas pour faire de l'antenne, mais pour devenir le directeur artistique et chorégraphe de l'émission.

Je suis aux anges ; en réalité, la BBC me forme depuis plusieurs années aux postes de réalisation, de lumière, de scénographie. Car c'est bien dans la production que j'envisage mon futur. Cette position de directeur artistique est exactement ce que je souhaite faire. L'antenne aurait été un bonus, mais l'excitation est pour moi derrière la caméra.

Danse avec les stars, saison 1

Janvier 2011

Je suis au bureau depuis quelques jours. Tout le monde me met à l'aise même si tout est encore à faire et que l'émission est à l'antenne dans un peu plus d'un mois. Le casting des danseurs professionnels est quasiment conclu ; on me demande ce que j'en pense, mais je n'ai rien à redire, l'équipe choisie est jeune, riche de personnalités fortes, avec du talent et surtout de l'envie, on ne peut en demander plus. J'apprends à connaître mon adjointe, Cécile Combes, et avec Déborah Nahon nous formons à nous trois l'équipe artistique du programme sous la houlette de Frédéric Pedraza, alors directeur des divertissements de TF1 Production – dont il deviendra quelques années plus tard le directeur général adjoint.

Je travaille au jour le jour avec Cécile et Déborah. Nous imaginons l'émission de toutes pièces, ce qui est à garder de la version anglaise et ce qui doit être réellement adapté. La culture du spectacle et de la télévision, même pour des pays si proches géographiquement que le Royaume-Uni et la France, est radicalement différente. Le Britannique aime que l'humour soit omniprésent – ce n'est pas le pays des *Monty Python* pour rien –, il parvient à trouver le beau dans la farce et à percevoir le côté chic du kitsch. Une phrase réutilisée souvent dans les bureaux de production de télévision en Angleterre, lancée par Steve Allen, résume bien l'état d'esprit anglo-saxon : « Tragédie + Temps = Comédie. »

Sur *Strictly*, l'humour est présent parce qu'il ne retire en rien l'esprit de compétition des stars qui y participent. L'émission réussit à être divertissante, bienveillante, drôle, belle, bref vous l'avez compris, je trouve le format parfait.

La France, elle, n'a pas les mêmes références : on sait qui sont Fred Astaire et Gene Kelly, mais pas au point de connaître la plupart de leurs films ni leurs chansons les plus connues. Or c'est un élément essentiel de la version anglaise. Nous allons donc devoir installer une version plus moderne, plus pop en France.

Dès les premières réunions, je comprends que Fred Pedraza n'est pas le grand manitou qui décide sans mettre les mains dans le cambouis. Il est également un artiste ; il a une intuition, des instincts. Nous avons tous les deux une approche instinctive de l'image, nous avons tous les deux appris sur le tas. En réalité, l'équipe artistique de *DALS* est un quatuor. Fred, Déborah, Cécile et moi.

L'autre défi de cette nouvelle mission est de travailler en français. C'est un défi de taille pour moi. Tout est si rapide et fluide en anglais, j'ai l'impression de mettre des heures à m'exprimer sur des choses pourtant simples.

Fred et Déborah m'expliquent que je ne ferai pas partie du jury de l'émission car ils ont déjà sélectionné leurs juges, mais qu'ils sont heureux que je sois à leurs côtés pour faire de *Danse avec les stars* l'émission événement de 2011. Je suis si heureux de les accompagner ; après avoir vécu si longtemps hors de France, je reviens pour collaborer avec TF1. Je ne suis pas dans le jury ? Et alors ? Au final, ça ne représente qu'un jour de tournage par semaine… Voilà comment je réagis à l'époque. Étais-je vraiment honnête ou était-ce une façon de masquer ma déception, même à moi-même ? L'avenir nous le dira. Quoi qu'il en soit, à cet instant, j'étais vraiment heureux d'être au bureau.

Une affaire de style

Janvier 2011

Cécile, mon adjointe, devient rapidement une amie, elle est sensible, pleine de curiosité, avec un regard unique sur le monde, les tendances, les objets. Nous sommes si différents dans nos approches qu'elle me fascine. Elle a cette capacité à s'inspirer d'éléments que d'autres n'auraient tout simplement même pas vus. C'est une femme débordant d'énergie, toujours bienveillante. Notre amitié perdure encore aujourd'hui et elle ne cesse de se renforcer. Déborah, la cheffe de projet, est une collègue hors pair. Elle peut être redoutable sur un projet, car elle ne lâche pas, rien, jamais. Jusqu'à la diffusion du programme, tout peut toujours et encore être amélioré, peaufiné. Ces deux femmes deviennent mes alliées dans ce projet colossal, qui va bientôt complètement changer ma vie.

Durant les premières semaines de production, certaines décisions majeures pour l'émission doivent être prises. La tendance se veut plus sexy, plus pop, la dynamique que

Fred souhaite insuffler est résolument moderne, même si ce n'est pas immédiatement visible dans la première saison. En effet, il faut d'abord respecter la fameuse bible de l'émission. Ce document régit tous les aspects du format ; pour s'en écarter, il faut avant tout faire ses preuves, et ensuite convaincre les ayants droit que les changements sont nécessaires. Mais il n'y a pas de doute, tout le monde met les bouchées doubles et va jusqu'à développer des éléments que je n'avais jamais vus en Angleterre.

Par exemple, les portraits de chaque star, sous la forme d'une vidéo de présentation de la personnalité en première émission, sont absolument fous, travaillés dans les moindres détails, avec une attention digne des plus jolies pubs du moment. L'émission en France est également beaucoup plus longue qu'à l'étranger : en effet, le *prime* dure à peu près cent vingt minutes, pour moins d'une heure au Royaume-Uni ou aux États-Unis. Qui dit une durée plus longue dit trouver des éléments qui permettent d'approfondir, de comprendre, de créer un univers autour de cette nouvelle marque. Fred pense alors à une pastille humoristique pour introduire le personnage de Jean-Marc Généreux dans laquelle il donnerait les clés des éléments techniques recherchés sur chaque danse, ce qui n'existe pas dans la version originale.

Un jour, nous discutons avec l'équipe exécutive des costumes. Bien que la personne qui en est chargée soit d'un talent exceptionnel, digne des plus belles productions de cinéma, le monde de la danse possède des codes particuliers, qui garantissent non seulement le résultat, mais aussi l'esthétique en mouvement. Or, les dessins splendides qu'on nous présente ne pourront en aucun cas tenir en mouvement. Après avoir tenté à plusieurs reprises de me faire comprendre et de potentiellement résoudre le problème, je me heurte à un mur : l'équipe de stylisme ne voit pas où est le problème.

Nous courons à la catastrophe. Pour emprunter une phrase à Déborah : « Le *prime* est en danger, je répète : le *prime* est en danger ! »

Alors oui, nous ne faisons que de la télévision, nous ne sauvons pas des vies, mais le divertissement pour nous est une mission importante, nous sommes un sas de décompression pour des millions de personnes après une semaine chargée au bureau, à l'usine… Il est important de ne pas juste remplir les ondes, mais de mériter d'être regardé. Produire du divertissement est un métier que nous prenons au sérieux pour mieux vous faire rêver, pleurer et bien sûr rire. Sans un stylisme réussi, nous passerons à côté d'un des éléments auquel le public s'attache le plus.

En pleine réunion où, pour la énième fois, je tente d'expliquer à la styliste que les matières choisies ne sont pas adéquates, que lorsque je parle de strass, je parle bien de pierres Swarovski en cristal et non de tissus à paillettes, et que la base de chaque robe doit au moins être créée en tissu extensible, celle-ci ne comprend pas ou ne souhaite pas comprendre, je ne le saurai jamais, car les mots suivants sortent de ma bouche : « Je vous remercie pour le travail effectué jusqu'à présent, mais nous allons avancer sans vous malheureusement, on ne peut pas mettre le programme en danger. »

Elle se tourne alors vers les producteurs. Et c'est là que Fred lui dit que, malheureusement, il est d'accord avec moi.

La réunion touche à sa fin. Nous expliquons de nouveau à la styliste que bien sûr, et d'ailleurs je le maintiens, ses propositions étaient absolument splendides, simplement elles sont inutilisables pour danser et nous n'avons plus le temps. Les visages autour de la table sont sombres, nous sommes à quelques semaines de la première, comment allons-nous garantir les costumes pour toute la saison et ne pas exploser le budget ?

Honnêtement, je n'avais pas encore la solution, mais je suis sûr que nous allons la trouver. Cédric Lacolley, le directeur de production, me dit alors : « J'ai besoin d'avoir une équipe ou d'une solution complète sous quarante-huit heures, sinon cela devient injouable. »

J'ai un joker en poche : je connais l'atelier londonien où sont créés les costumes de l'émission anglaise, dans le pire des cas, nous pourrions faire appel à eux pour pallier les délais inextensibles. Je retourne dans mon bureau avec Cécile ; elle me propose de regarder le travail d'un certain Pierre Annez de Taboada, pressenti pour les nouveaux costumes de plusieurs revues parisiennes. Il a le vent en poupe, mais surtout il comprend la danse et nous parlons le même langage. Par exemple, si un strass vient d'abord d'une marque en particulier, lorsque celle-ci n'a plus de stock, on passe commande aux deux autres marques secondaires qui créent des strass en cristal également, et si on ne les trouve pas non plus chez eux, il n'y aura pas de strass sur la robe, point. La base d'une robe est souvent un body, fait sur mesure, la danseuse a besoin de confort avant tout, c'est ainsi que l'on peut convaincre quelqu'un de revêtir une robe splendide, qu'elle n'aurait jamais osé porter auparavant. Le confort avant tout…

Après un entretien approfondi avec Pierre, il devient le créateur et chef costumier de *Danse avec les stars*. Il crée un atelier qui œuvre chaque semaine pour proposer des costumes sur mesure aux détails saisissants pour chacun des couples tout en adhérant aux univers artistiques de chaque tableau. Sa mission est dantesque et dix ans plus tard son équipe et lui continuent de nous impressionner chaque semaine.

Quelques jours plus tard, Fred Pedraza me convoque dans son bureau et me demande de commenter la prestation à la télévision d'un couple de danse. Je m'exécute. Il me donne un conseil sur mon intonation et me propose un autre couple à commenter. Il me demande enfin de commenter un couple en moins de vingt secondes avec une argumentation complète, puis me remercie. Je pars de mon côté sans trop comprendre l'échange que nous venons d'avoir, et lui quitte son bureau pour se diriger vers la tour TF1 juste en face.

Le lendemain, je reçois un coup de fil de Frédéric Carné, le directeur des production de TF1 Production – et aujourd'hui directeur général adjoint de TF1 Prod avec Fred Pedraza… Oui, je sais, la RH de TF1 aime beaucoup les Fred –, qui me convoque dans son bureau.

La première pensée qui me traverse l'esprit est que je suis viré. Car il y a un détail dont je n'ai pas parlé : en réalité, je pense que je suis allé trop loin durant la réunion sur le stylisme, ce n'était pas de mon ressort.

Je tremble en me dirigeant vers le bureau de Fred Carné. Que vais-je dire à Jaci ? J'ai enfin un client génial, avec qui je peux m'éclater sur des projets intéressants, et je trouve le moyen de me faire virer en même pas deux semaines. Elle mérite tellement mieux que moi... Une fois que je suis entré, Fred m'invite à m'asseoir. Je suis prêt, fesses serrées, gorge serrée... Enfin bref, j'ai fait une boulette, c'est ma faute, j'aurais dû rester à ma place.

« Chris, nous aimerions que tu sois notre troisième juge sur *Danse avec les stars*. Fred Pedraza a eu une vision, il est sûr de lui, et quand il est aussi sûr de lui, j'ai pour habitude de le suivre. Qu'en penses-tu ? »

J'en pense que je viens presque de perdre le contrôle de ma vessie sur ta chaise, Fred, et que je ne sais pas quoi te dire, que je suis comme un dingue, que c'est peut-être une caméra cachée, on est quand même dans une boîte de prod de télévision, tout est possible... Tout cela me passe par la tête en un instant. Mais les mots qui sortent de ma bouche sont : « Avec grand plaisir, Fred ! »

Je ne suis donc pas viré. Je deviens un des membres du jury de la première saison de *Danse avec les stars*. Je suis sur un nuage.

Tableaux de lumière

Février 2011

Les calages lumière sont primordiaux sur un programme comme *Dans avec les stars*. Ils ont lieu lors d'une journée consacrée à la création des tableaux de lumière pour chaque danse. On m'a vite fait comprendre que je n'aurais pas énormément de latitude dans ce domaine, car notre directeur photo n'est autre que Frédéric Dorieux, l'homme qui éclaire les plus gros événements et les présidents, celui à qui les artistes font confiance pour avoir un teint parfait à l'antenne. Mais surtout il est celui à qui on peut confier les missions les plus complexes. Il mène ses plateaux avec une rigueur légendaire, juste, mais qui demande aux équipes une dévotion totale au projet en cours. Il est immensément respecté, entouré par les meilleurs, et les moins bons ne font pas long feu…

J'ai hâte de commencer la créa lumière, c'est une de mes activités préférées. Il faut savoir que, lorsqu'on met en lumière un plateau de télévision, on manipule un jouet qui vaut des millions d'euros. Si vous êtes doué, vous pouvez sublimer un décor, créer un moment chargé en émotion, offrir des images dont le téléspectateur se souviendra très longtemps ou qui marqueront un enfant toute sa vie.

Je me positionne à côté du pupitreur qui a la tâche d'encoder toutes les séquences nécessaires pour faire évoluer les lumières du début à la fin de chaque titre. Il travaille à la vitesse de la lumière, je ne vois même pas ses doigts se déplacer sur la console. Fred Dorieux est à côté de nous, et je commence à donner mes indications. Il me regarde faire pendant une vingtaine de minutes, puis me tape sur l'épaule et me fait savoir que l'on va bien s'entendre lui et moi. C'est depuis devenu un ami solide ; lorsque j'ai une idée folle pour un spectacle en qui personne ne croit, Fred me suit toujours, sans même douter un instant. Je lui fais confiance et il me le rend bien.

À la fin de la journée, tous les tableaux sont prêts. Ça va être beau. Très beau.

Le premier *prime*

12 février 2011

Le jour J arrive. Jusqu'à 20 h 55, je suis le directeur artistique de l'émission. Je participe aux répétitions caméra avec l'équipe technique, artistique et notre réalisateur, Tristan Carné. Puis, à 21 heures, j'enfile mon costume et deviens juge de l'émission. Je suis complètement HS au moment de la prise d'antenne, mais quelques instants plus tard, dès que j'entends le générique de l'émission retentir dans le studio, l'adrénaline prend le relais. Notre assistant réalisateur lance le décompte : nous sommes à l'antenne dans 5, 4, 3, 2, 1…

Je n'en ai jamais parlé, mais pendant quelques secondes au début du programme, j'ai été pétrifié. Jusqu'à présent, lorsque je passais à l'antenne en Angleterre, je n'avais jamais à me soucier de ce qu'allait penser ma famille après ma performance. Aujourd'hui, tous les gens que j'aime sont devant leur téléviseur. De plus, j'ai remporté des titres importants, déjà vécu des événements inoubliables, mais jamais je n'ai ressenti la force d'un instant comme celui-ci.

Jamais un moment n'aura résonné avec tant de puissance, j'en suis bouleversé. Je me souviens de ce sentiment qu'une et même plusieurs vies m'ont mené jusqu'à ce moment. Me revient alors en mémoire toute l'histoire de ma famille, quand, il y a soixante ans, en Espagne, mon grand-père, « *Abuelito* », Victor, se faufilait avec son pic dans la mine, des dizaines de mètres sous terre, pour extraire le charbon. Combien de fois a-t-il survécu aux explosions de grisou, enterré pendant des heures, sans savoir si c'était la dernière fois ? Ma grand-mère, « *Abuelita* », me racontait souvent qu'après un accident, s'il n'était pas blessé, il retournait au travail le jour suivant. Pas le choix.

Je me souviens de sa poigne qui pouvait briser des pierres, de sa voix qui m'apaisait instantanément, de ses câlins si doux, de sa générosité qui venait du fond du cœur. C'est après un accident de trop à la mine que, démoralisé par les injustices de la dictature, il décide de quitter l'Espagne, ce pays qu'il aime tant, pour la France. Peut-être les jours seront-ils meilleurs pour ses enfants Irène et Jean, qui sait ? Au moins, ils verront leur père vieillir…

Je suis conscient que mon papa n'a jamais vraiment eu le sien près de lui, et que sa vie, il la doit à sa persévérance et à sa détermination. Il quitte la maison très tôt, à 11 ou 12 ans à peine. Il monte dans le train, quitte ses frères, ses sœurs et sa mère, ma grand-mère, « *Avó* ». Quand il arrive à Lisbonne, il est livré à lui-même, il a peur, il a faim. Il ne l'a jamais dit, mais je le sais. Il ne tient sa survie qu'au courage qui sommeillait en lui, tout au fond, celui auquel un enfant ne devrait jamais avoir à recourir.

Souvent, les gens parlent de mission, de devoir ; le mien est de rendre ma famille fière, jusqu'à mon dernier souffle, de les faire rêver, de les faire vivre un tout petit peu plus près des étoiles. De leur faire comprendre qu'ils ont eu une bonne étoile, et que chaque décision, chaque sacrifice n'aura pas été en vain.

Je sais que ma maman me regarde ce soir, elle qui m'a compris plus vite que tout le monde. Qui n'a jamais rien demandé pour elle, qui ne demande toujours rien pour elle. Qui sautait de joie d'avoir décroché quelques heures de ménage en plus. Ma mère, cette guerrière qui peut contrôler en un instant une pièce remplie d'ego surdimensionnés du haut de son mètre quarante. Qui se bat pour le bonheur des uns et des autres.

Mon petit frère et ma petite sœur, Mickaël et Vanessa, sont aussi devant leur poste. Encore aujourd'hui, pour moi, ils sont mes « petits » frère et sœur, envers qui j'ai une responsabilité, celle d'être droit, de montrer la voie, de leur donner les clefs, voire les raccourcis si possible, pour réussir leur vie et être heureux.

Mais surtout, ce soir, installé à la table du jury, je vois le sourire de la personne qui m'a permis d'arriver à ce moment : Jaci, assise dans le public. Elle me supporte, me soutient depuis presque quinze ans et je ressens pour la première fois que je peux peut-être lui proposer la vie stable dont nous rêvons. Encore faut-il que je sois bon, que l'émission soit un succès. L'ANPE déborde de vedettes d'un soir ! Serai-je à la hauteur ? Est-ce que le public va adhérer à mon franc-parler ? Mes mots deviendront-ils mes maux ?

À mes côtés, Jean-Marc Généreux et Alessandra Martines complètent le jury. Je connais Jean-Marc depuis très longtemps. Je regardais toutes ses performances en compétition, quand j'étais ado. Il était déjà avec France son épouse, et ils formaient un couple mondialement connu, deux danseurs formidables. Alessandra est d'une élégance à tomber par terre, elle est drôle, et porte un regard espiègle sur tout. Je les apprécie beaucoup ; ils seront d'excellents compagnons pour une aventure comme celle-ci.

Les premières minutes de l'émission semblent durer des heures, comme si le temps s'était arrêté, pour me permettre de vivre le moment pleinement… ou de me stresser encore plus ! Ce que le public ne voit pas, c'est qu'en tant que directeur artistique de cette première saison, je vis chaque heure dès mon réveil avec mes collègues, Cécile, Déborah, Fred et toute l'équipe de rédaction. Nous sommes sur le qui-vive en permanence, jusqu'à quatorze ou quinze heures par jour.

Vincent Cerutti et Sandrine Quétier, nos deux animateurs, présentent tour à tour les artistes en compétition pour cette première saison : la mannequin Adriana Karembeu, l'actrice Marthe Mercadier, le footballeur David

Ginola, le musicien André Manoukian, l'humoriste Jean-Marie Bigard, l'actrice Rossy de Palma, la chanteuse et comédienne Sofia Essaïdi et enfin le chanteur Matt Pokora.

Le casting est génial : il y en a pour tous les goûts, mais surtout, et c'est l'ingrédient magique, ils ont tous des personnalités qui méritent d'être connues. La danse nous permet de les placer dans une situation de vulnérabilité, car, face à l'inconnu, il ne reste que l'être humain et ses valeurs, humaines et professionnelles.

Rapidement, j'ai la réputation d'être le juge exigeant. J'ai toujours eu une démarche simple : je juge à l'instant T ce qui se trouve devant moi, quelle que soit la personnalité ; pour moi, rien ne rentre en compte à part la danse. De plus, je pense que la seule façon de se dépasser en danse est de maîtriser son corps techniquement. La technique sublime le corps, le mouvement. Je n'aime pas l'esbroufe, et si je dois mettre une note basse, je n'hésite pas à aller très bas. Mais je ne juge jamais l'individu, l'artiste, je juge sa danse… et la différence est énorme. Car à aucun moment je ne souhaite heurter la star qui s'est dévouée pendant trente ou quarante heures pour apprendre cette chorégraphie. Malheureusement, certaines fois, en danse, comme dans la vie, le travail ne suffit pas, c'est injuste, mais c'est comme ça.

Les trois couples finalistes de cette première saison sont David Ginola et sa partenaire Silvia Notargiacomo, Matt Pokora et Katrina Patchett, ainsi que Sofia Essaïdi et Maxime Dereymez. Le public est survolté. J'assiste à un moment d'une grâce intense quand Sofia Essaïdi et Maxime dansent sur la BO du film *Bagdad Cafe*. J'en reste pantois ; je ne m'attendais pas à voir une performance digne d'un couple de professionnels. Je m'incline et je donne un 10 en artistique puis un second 10 en technique.

Mais Matt Pokora est un adversaire de taille. Pour une raison toute simple : lorsqu'on le met en danger, c'est une bête de scène qui jaillit du plus profond de son être. Il redouble d'efforts, travaille plus, apprend plus, donne plus, il ne laisse rien au hasard. Ces qualités, ajoutées à sa sympathie naturelle et sa gentillesse incroyable, le rendent intouchable. Pour certaines personnes, la réussite n'est qu'une question de temps.

Le programme se termine sur la victoire du duo Matt Pokora-Katrina Patchett. Jaci me dit qu'il est temps de me reposer un peu, et nous partons pour Dubaï le lendemain de la finale de *DALS*. Jaci nous a trouvé pour quasiment rien, grâce à une de ses amies, une semaine au *Royal Meridien*. J'ai passé une semaine à dormir non-stop, n'ouvrant l'œil que pour me nourrir. Jaci m'affirme que la plage est fabuleuse. Je la crois sur parole : je ne l'ai même pas vue…

DALS, saison 2 : la confirmation

Septembre 2011

Comme la première saison est un franc succès, la première chaîne d'Europe commande une nouvelle saison et positionne *Danse avec les stars* comme le programme phare de la rentrée 2011. Il est important que j'améliore mes performances à l'antenne ; je décide donc de me mettre à lire exclusivement en français, pour fluidifier mes prises de parole. Mon look semble avoir marqué les esprits, et ma styliste m'annonce que Jean Paul Gaultier adore l'émission et que j'ai accès à toute son archive couture homme si je le souhaite. Jean Paul Gaultier sait qui je suis, c'est fou !

Comme la première année, les journées sont interminables, mais nous formons une petite famille maintenant et les semaines passent un peu plus facilement. Le rendez-vous de production qui lance vraiment la saison pour nous en coulisses est le tournage des portraits. Lors du premier *prime* de la saison, chaque artiste explique pourquoi il a décidé d'intégrer l'émission, il s'agit de la partie interview, mais également de quelques images d'illustration que l'on appelle les « *beauty* ». Ce sont des images splendides, léchées, qui utilisent les codes de la pub de luxe, et qui prennent un temps important à tourner. C'est à cette occasion que l'équipe de production, les artistes et les danseurs se retrouvent pour la première fois pour travailler ensemble.

Les portraits pour la nouvelle saison sont encore plus beaux et plus grandioses que lors de la première édition. Chaque artiste a droit à un univers en 3D thématisé. Les tournages sont très coûteux et doivent être en boîte en trois jours. À l'époque, tourner trois artistes en une journée pour le nombre d'images utiles dont nous avons besoin est très difficile. De plus, Fred et Déborah ont eu l'idée d'introduire tous les magnétos avec un mini chef d'orchestre. C'est un clin d'œil à Baz Luhrmann. Dans la première scène de *Moulin Rouge*, sur le jingle du studio de la 20th Century Fox, un chef d'orchestre lance l'ouverture d'un rideau rouge gigantesque. Comme le personnage est minuscule et qu'on ne me reconnaîtra pas, autant que je le tourne moi-même entre deux artistes lorsque nous en aurons le temps.

Mon rôle sur les tournages des portraits est de gérer l'artiste sur le plateau en m'assurant que nous obtenons les images dont nous avons besoin. J'ai donc un œil sur la réalisation, l'autre sur la lumière, et je donne beaucoup d'indications vocales aux artistes qui trouvent souvent l'exercice particulier.

Pour cette deuxième saison, le premier jour commence un jeudi à 10 heures du matin et s'achève à 2 heures le lendemain. Le vendredi, après quelques heures de sommeil, rebelote : démarrage à 10 heures du matin et nous terminons in extremis avant le lever du jour samedi, dernier jour de tournage au même rythme effréné.

Il est maintenant 3 heures du matin et nous sommes dimanche. Nous avons enchaîné trois jours de tournage d'affilée, je dois encore tourner le portrait de Shy'm et ma séquence de chef d'orchestre pour chacun des couples. Nous avons neuf couples, et il faut donc un peu plus de quatre-vingt-dix secondes d'images du chef d'orchestre. Alors que nous préparons Shy'm à passer sur le plateau, j'enfile un queue-de-pie et demande à l'équipe de commencer à tourner. Pour gagner du temps, je décide de tout tourner d'une traite. Action ! Je gesticule dans tous les sens, comme le pire des chefs d'orchestre au monde, je saute, je m'étire, j'utilise ma baguette comme une épée… Bref, j'enchaîne les pitreries pendant quatre minutes, alors que je n'ai pas dormi depuis soixante-douze heures. Le réalisateur me donne un décompte de la fin de prise, 5. 4. 3. 2. 1… Et je hurle : « Trouvez-moi vite un seauuuuu ! »

Au moment même où la resplendissante et sublime Shy'm entre sur le plateau à 4 heures du matin, elle se retrouve face à moi, tête au fond d'un seau, en queue-de-pie, en train de vider mes entrailles… Une introduction inoubliable… que personnellement je préférerais oublier.

DALS, saison 3 : la montée en puissance

Octobre 2012

Dans avec les stars ne cesse de monter en puissance. L'émission est plébiscitée par le public, et pour la troisième saison nous nous devons de présenter quelque chose de fort, voire d'authentique.

Le challenge commence par un casting réussi : il est composé d'Amel Bent, Estelle Lefébure, Laura Flessel, notre championne olympique et future ministre, de Lorie, de Chimène Badi, ainsi que du rugbyman Christophe Dominici. Nous avons également le formidable Gérard Vivès, puis Emmanuel Moire, Taïg Khris, et le jeune chanteur suisse Bastian Baker.

D'autre part, l'émission commence à se moderniser. Fred Pedraza réussit à imposer un décor flambant neuf, plus épuré, avec plus d'envergure, des balcons et un escalier motorisé. Le visuel est époustouflant, et c'est surtout un formidable outil de travail. De plus, les technologies de la lumière sont en train de vivre une mini-révolution. Les sources lumineuses motorisées deviennent plus puissantes, et commencent à dessiner un faisceau dans l'espace à l'instar d'un laser, sans pour autant avoir besoin de beaucoup de fumée pour apparaître. Cela peut sembler un détail, mais il a eu un impact gigantesque sur le visuel des émissions. En effet, qui dit peu de fumée dit une image plus contrastée, bien plus nette, plus pure, in fine plus moderne, avec des vraies zones de noir. Le décor me permet aussi de travailler avec nos réalisateurs à 360 degrés, sans aucune zone interdite. Nous pouvons filmer dans tous les sens.

Cette saison est également magique car je rencontre une personne qui restera une amie à jamais : Marie-Claude Pietragalla. La danseuse étoile et chorégraphe rejoint le jury de l'émission. Elle, qui ne fait qu'œuvrer depuis des années pour populariser toutes les formes de danse, accepte à la surprise générale de rejoindre *Danse avec les stars*. Son arrivée marque par ailleurs l'acceptation du programme par la profession, qui doutait peut-être encore de son utilité pour le monde de la danse.

Lors du deuxième *prime*, je propose à Fred une scénographie épurée pour le titre de Fauve et Emmanuel Moire. Ce dernier va danser sur la chanson qu'il a écrite pour son frère jumeau décédé dans un accident quelques années auparavant. Une seule source de lumière, hormis les poursuites, et une chaise en bois suffiront, le moment sera fort, j'en suis sûr. Le soir venu, la danse d'Emmanuel et Fauve se termine et je prends conscience que cette émission peut faire passer des messages, elle peut prendre des risques, et c'est d'ailleurs là où elle excelle. La version française du format va bientôt devenir la référence à l'étranger, j'en ai la conviction.

Durant cette saison, j'ai aussi découvert Gérard Vivès. Il existe des rencontres qui égaient une vie, et celle avec Gérard en fait partie. C'est un travailleur humble, qui ne demande qu'à apprendre, et avec un talent qui dépasse ce que l'on connaît de lui. Une connivence s'installe entre nous au fur et à mesure des émissions. Gérard travaille sans relâche toute la semaine ; je le conseille en salle de répétitions, je l'aiguille, mais je ne suis jamais complètement satisfait de sa performance le samedi soir… Bien que je demeure chaque soir impartial et imperturbable dans mon estimation de ses performances, il me fait beaucoup rire. On ne peut le dire autrement, il en fait « des caisses », et je retrouve cet humour, cette autodérision si délicieuse chez lui, qui est omniprésente chez les Britanniques et qui m'a beaucoup manqué…

Souvent, un artiste est invité sur l'émission pour un interlude musical. Nous avons accueilli les One Direction, le groupe Take That, Zazie, Florent Pagny, David Guetta et Sia, parmi bien d'autres. Un soir, c'est au tour de Robbie Williams de venir promouvoir son album. Il me reconnaît, car je l'ai déjà mis en scène lorsqu'il est venu sur le plateau la saison précédente avec son groupe Take That. Après une répétition, nous échangeons quelques plaisanteries et il me demande si son équipe peut prendre quelques photos de ma coupe de cheveux, car il souhaite se faire la même. Je n'ai jamais osé lui dire que j'avais copié la sienne au départ…

DALS, saison 4 : la tournée

Octobre 2013

La saison 4 est annoncée avec un casting complètement fou : Noémie Lenoir, Alizée, Tal, Laury Thilleman, Laëtitia Milot chez des filles ; Titoff, Keen'V, Damien Sargue, Brahim Zaibat et Laurent Ournac chez les garçons… La saison promet d'être fantastique.

Parallèlement aux *primes*, entre chaque salve d'émissions, j'œuvre également pour la mise en place d'une tournée. C'est le cas en Angleterre. L'émission déploie assez vite, après quelques saisons à peine, une tournée événement. Le succès télévisuel devient un succès scénique, et les stars se produisent dans des salles énormes à guichets fermés.

La culture du spectacle musical est différente en France. La comédie musicale événement et l'opéra rock sont pourtant presque des spécialités françaises, grâce à des productions comme *Notre-Dame de Paris* de Luc Plamondon, *Les Dix Commandements* d'Elie Chouraqui, Dove Attia et Albert Cohen. Mais la différence entre le Royaume-Uni et la France est que la danse, à l'inverse de la comédie musicale, n'est pas proposée avec autant d'ambition et d'audace dans des salles de spectacle de grande capacité, telles que les *Zénith* ou les *Arena*. Je suis cependant convaincu que, présentée de la bonne façon, nous pouvons mettre en place une tournée à succès en France. Il faut juste que je réussisse à convaincre toutes les parties concernées.

Depuis la première saison, j'ai quelques interlocuteurs privilégiés chez TF1, mais je travaille également main dans la main avec mon producteur historique, la BBC, qui opère en France à travers une entité dirigée et créée par Jean-Louis Blot à peine deux ans avant l'arrivée de *DALS* à l'antenne. Je retrouve chez BBC Worldwide France la culture à laquelle je suis habitué : des gens positifs, toujours disponibles, toujours au service des programmes, et avec une approche familiale de la télévision.

Pendant les premières saisons de *DALS*, format original de la BBC, cette dernière connaît un essor phénoménal, proposant avec succès des programmes de flux identifiés dans la plupart des chaînes commerciales françaises : *Le Meilleur Pâtissier* sur M6, *Affaire conclue* sur France 2 et bien d'autres. La BBC s'impose en France rapidement comme un fournisseur de programmes de qualité destinés à toute la famille. Avant de pouvoir espérer monter une tournée de *DALS* en France, il est essentiel de m'assurer que la BBC est prête à m'accompagner dans cette aventure. Je connais bien l'équipe et leur PDG, Jean-Louis Blot. Il est un réel soutien durant les deux premières années de mise en place du format. Il prend le temps de me parler, de passer dans ma loge pour s'assurer que j'ai bien pris mon dîner avant le *prime*, que j'ai respiré un peu entre mes deux casquettes de directeur artistique et de juge sur l'émission. Ses conseils sont toujours efficaces, l'humain est toujours mis en avant, pour justement être encore plus au service du programme. C'est une amitié qui se développe entre nous, de façon organique, nous apprenons à nous faire confiance. Arrivés en saison 4, on se connaît suffisamment pour avancer ensemble sur un projet comme la tournée.

Je lui explique l'idée et surtout comment je souhaite adapter une tournée *DALS* dans les *Zéniths* de France. La version anglaise est de son côté créée pour des *Arena*, pour des publics de 10 000 à 20 000 spectateurs, des chiffres inimaginables chez nous pour l'instant. Je propose d'imaginer un spectacle pour des salles entre 3 000 et 6 000 places, de recréer l'énergie d'un *prime* dans un *Zénith*, avec les stars, leurs danseurs professionnels et les commentaires des juges. La modernité de l'émission me permet de jouer sur les codes des concerts pour la mise en scène et la scénographie du spectacle. Il y aura des musiciens en *live*, une implantation lumière de folie de nouveau plus proche des concerts que des comédies musicales, des danses de groupe, des magnétos comme sur l'émission, bref, le *prime* sera sur scène comme un spectacle vivant.

À l'époque, en télévision, les émissions de divertissement telles que *Danse avec les stars*, *La France a un incroyable talent* ou *The Voice* utilisent une structure cyclique, dans laquelle un téléspectateur retrouve sans forcément s'en rendre compte les mêmes situations toutes les huit ou dix minutes. La répétition crée la familiarité : le spectateur sait à quoi s'attendre. Durant ces cycles, il peut s'émouvoir, rire, mais la structure sous-jacente de la séquence est identique. Or, en spectacle vivant, j'ai besoin de casser ce rythme ; je dois surprendre, accélérer pour mieux ralentir plus tard. Le métier de metteur en scène, mon métier, est de vous faire oublier le moment, de vous placer dans un événement hors du temps. À la fin du show, vous devez vous lever déçu que cela soit déjà fini, alors que vous avez passé plusieurs heures dans la salle.

Jean-Louis est aussitôt emballé. Nous devons maintenant convaincre les Anglais de nous laisser créer une toute nouvelle formule de spectacle pour *DALS*, ce qui ne sera pas une mince affaire, puisque le désir des équipes de Londres de protéger le format est féroce. Il faut développer les bons arguments tout en démontrant notre volonté de conserver les valeurs essentielles du format pour réussir à les convaincre.

Rapidement, Jean-Louis organise une réunion pour que je puisse rencontrer le directeur des formats et propriétés intellectuelles de BBC Worldwide à Londres, Jacob de Boer. Durant ce rendez-vous, j'ai l'impression que se joue le deal de ma vie. J'ai pensé à tout : le type de salles, l'implantation scénographique, un déroulé, le revenu potentiel d'une telle tournée. J'ai fait des claquettes, lancé la pyrotechnie, bref, j'ai tout donné ! Le projet est trop important à mes yeux pour ne pas se donner tous les moyens pour y parvenir.

Quelques jours plus tard, je reçois un appel de Jean-Louis, m'annonçant que Jacob a validé l'idée, qu'il se met au travail, et qu'il va tout faire pour que ce spectacle voit le jour.

La quatrième saison est lancée à l'antenne. Les audiences sont encore meilleures que les saisons précédentes. Je dois admettre que le casting est fantastique ; chaque semaine, j'ai hâte de découvrir ce que les couples en compétition vont nous proposer.

En période de diffusion, mon emploi du temps est réglé au millimètre près. Pour vous donner une idée, voici le déroulé d'une semaine type pendant *DALS*. Lorsque j'arrive le lundi au bureau, je n'ai que quelques heures pour monter le brief artistique de chaque tableau, quelle mise en scène pour quels danseurs. Je dois ensuite créer un univers graphique pour les écrans, ainsi que fournir un brief pour les équipes de décoration qui vont accessoiriser les plateaux. Je me penche ensuite sur les recommandations de codes couleurs pour la lumière, puis les effets spéciaux réels (fumées, artifices, poudres), et je finis par les effets spéciaux vidéo (graphisme 3D additionnel, projections au sol). Nous avons une dizaine de tableaux à créer de toutes pièces par *prime*. Cela semble minime, mais le niveau de complexité est incroyable sur un plateau comme *DALS*, et mes attentes sont maximales. J'ai normalement jusqu'à 13 heures le lundi pour constituer des propositions complètes pour chaque tableau, puis à 14 heures, je les présente à Fred Pedraza pour validation. Cette réunion est essentielle car l'artistique doit être au service de l'édito : nous racontons l'histoire de chaque couple et son évolution. La scénographie ne peut pas être gratuite, en tout cas pas tout le temps, et les discussions entre Fred, Déborah et moi sont souvent des marathons, tant l'envie de bien faire, de faire briller l'artiste, de satisfaire le spectateur et de surprendre est forte.

J'ai la chance de pouvoir schématiser et simplifier rapidement dans ma tête des systèmes complexes ; s'il y a une optimisation possible, ou même une innovation à apporter par la fusion de plusieurs techniques, j'ai tendance à partir rapidement dans la bonne direction. C'est une chance, parce que, pour Fred Pedraza, l'innovation est le nerf de la guerre, et une des missions qu'il me confie souvent avant de débuter une saison est de savoir comment nous allons innover sur cette nouvelle édition, comment nous allons pouvoir surprendre, comment nous allons mériter la confiance du public une fois de plus. Quelles nouvelles technologies apporter aussi, car, aujourd'hui, les mondes de la télévision, du cinéma, des jeux vidéo, du spectacle ne sont en réalité que les diverses facettes de la haute technologie. Or le traitement de l'information, le traitement des données, le développement créatif assisté par l'ordinateur, c'est mon domaine. Lorsqu'on regroupe toutes ces technologies, on peut créer des choses impensables jusque-là…

La première saison, nous installons le format ; durant la deuxième, il faut le confirmer et le développer tout en restant dans les clous. Pour la troisième saison, l'innovation provient du décor que Fred imagine pendant plusieurs mois et qui se veut plus grand, plus moderne, avec l'escalier motorisé, mais aussi d'un focus particulier sur l'utilisation des projections sur le parquet – et ne l'oublions pas, l'introduction de Shy'm et Marie-Claude Pietragalla comme juges.

En quatrième saison sont ajoutées des zones de performances additionnelles : une seconde scène avec un écran très haute définition derrière les danseurs, un couloir illuminé par les toutes dernières technologies. On innove pour rendre le plateau utilisable dans tous les sens, avec la possibilité de sortir du cadre du « plateau » plus souvent. L'utilisation des projections est plus poussée. Après une énième conversation avec Fred, je lui montre ce qui m'a inspiré : les dessins à la craie sur sol d'un artiste new-yorkais. Sa spécialité est de créer des faux reliefs, des trompe-l'œil qui imaginent ce qu'il y a sous le sol qui sert de support : par exemple, voir le quai de métro comme si le trottoir était transparent. Je lui propose alors d'utiliser la technique des illusions anamorphiques sur notre parquet : il s'agit d'images qui doivent être vues d'un certain point de vue pour « fonctionner ». Nous pouvons ainsi créer une crevasse autour des danseurs pour un effet inédit. Plus tard, nous introduisons des petites séquences scriptées avant la danse, tournées souvent en extérieur puis raccordées en direct pour ne pas voir de transition... Bref, *DALS* sait se réinventer constamment et c'est à mon avis une des raisons de la longévité du programme.

Mais pas la seule ! Au fur et à mesure des saisons, j'ai eu la chance de travailler avec des adjoints formidables, comme ma collaboratrice et amie Cécile Combes qui travaille encore aujourd'hui sur quasiment tous mes projets,

Nicolas Missoffe maintenant producteur d'émissions splendides telles que *Prodiges* sur France 2, et Matthieu Menu, lui aussi producteur et réalisateur au talent fou.

Ce sont les équipes qui font un programme, et sur *Danse avec les stars*, nous avons eu droit aux meilleurs.

Le Stade de France

Mai 2015

Quelques semaines plus tôt, Claude Cindecky, le producteur de la tournée *DALS*, me convie à déjeuner. Il veut me parler de *Stars 80*, du film et du succès populaire du spectacle qu'il produit en tournée. Il m'explique que ce sont des millions de billets vendus, et qu'il vient de conclure un accord avec TF1 pour la retransmission en direct du concert au Stade de France, dans un peu plus de six semaines.

Il me demande si je suis prêt à remanier le spectacle pour lui apporter une dose de modernité et le rendre plus « télé »-compatible. J'accepte, tout en étant conscient que je ne pourrai pas faire des miracles.

J'ai trois semaines pour recommencer de zéro. Jaci, qui devient directrice des chorégraphies du show, et moi allons voir le concert tel qu'il existe actuellement. Alors que je ne suis pas particulièrement branché « années quatre-vingt », je passe le concert entier à chanter à tue-tête *Les Démons de minuit*, *Boys, Boys, Boys*, et *Macumba*… Ces titres ont une emprise quasi magique sur le public. Le spectacle est une fête géante qui regroupe tous les âges… J'aime la joie et la légèreté qui se dégagent du concert, c'est communicatif, c'est fun et ça fait du bien…

Pour cette date exceptionnelle, je m'attelle d'abord à créer un univers pour chaque titre, ainsi que refondre tout le stylisme, et ajouter une armée de danseurs pour occuper cette scène gigantesque. C'est une aventure géniale qui me permet de travailler avec deux producteurs légendaires dans le métier, Jean-Yves de Linares et Anne Marcassus. Après avoir effectué des recherches sur les années quatre-vingt, je me rends compte à quel point les codes de cette décennie en mode, pub et cinéma sont éminemment réutilisables sur ce spectacle. La touche chic et folle peut être une bonne piste…

Trois semaines de travail plus tard, le 7 mai 2015, le directeur de production m'annonce, à 23 heures précises : « Chris, le montage du plateau est terminé, nous sommes prêts techniquement, le stade est à toi. »

« *Le stade est à moi…* », cette phrase est complètement dingue.

Je passe la nuit suivante au milieu de la pelouse du Stade de France, avec le directeur lumière de la tournée et les deux pupitreurs, à revoir aussi rapidement que possible l'éclairage de tout le concert. On m'explique qu'une autorisation spéciale de la direction de l'aéroport Charles-de-Gaulle a été nécessaire pour pouvoir travailler de nuit sans déranger les vols en approche… Rien que ça !

Le lendemain, après deux heures de sommeil, j'entame une journée de répétitions avec les artistes. Ils se présentent les uns après les autres, tous prêts à entonner leurs titres phares. Ils découvrent la scène immense qui leur est dédiée, ainsi que les mises en scène que je leur ai concoctées. Certains sont accompagnés d'une trentaine de danseurs, d'autres arrivent par des éléments motorisés, des feux d'artifice, des effets spéciaux sont prévus : tout ce qui est possible de faire à courte échéance est présent sur scène.

Tous les artistes qui participent au concert sont devenus incontournables depuis leurs tubes des années quatre-vingt. Je rencontre ainsi Lio, François Feldman, Sabrina, Émile & Images, Patrick Hernandez, Jean Schultheis, Pauline Ester, Patrick Coutin, Phil Barney, Joniece Jamison, Jean-Pierre Mader, Julie Pietri, Cookie Dingler, Début de Soirée, Laroche Valmont, Jean-Pierre Morgand, mais aussi pour l'occasion Gilbert Montagné, Jimmy Somerville et Bananarama, qui viennent s'ajouter à la liste des artistes de la tournée.

Pendant les répétitions, d'ailleurs, j'ai eu un petit moment d'égarement. C'est le tour de Bonnie Tyler de monter sur scène. Oui, *la* Bonnie Tyler de *Total Eclipse of the Heart*, la bombe blonde à la voix transcendante. Pendant de longues minutes, je l'attends sur scène ; ne la voyant pas arriver, je demande aux assistants réalisateurs et plateau s'ils l'ont vue, je demande : « *Where is Bonnie* ? » dans mon micro d'ordre. Le timing est trop serré, il faut la trouver ! Apparaît alors devant moi Bonnie : une toute petite dame de presque 70 ans avec sa coiffure XXL…

Dans ma tête, je m'attendais à Bonnie Tyler à l'âge de 22 ans ! Une fois que j'ai compris la méprise de mon esprit, nous démarrons la répétition. Elle ouvre soudain la bouche, et lance : « *Every now and then I get a little bit lonely.* » Bonnie a vieilli, comme tout le monde, mais sa voix, elle, n'a pas changé. J'en ai instantanément la chair de poule...

Le moment venu, le concert se déroule sans erreurs majeures. Quarante mille personnes sont en train de faire la fête au Stade de France. À l'intérieur du stade, c'est l'euphorie : le public goûte au plaisir de danser, de chanter ensemble. Ce que nous ignorons, c'est que près de sept millions de téléspectateurs sont en train de suivre cet événement en direct...

Je passe près de deux heures et demie à « toper » artistes, danseurs et techniciens *backstage*, c'est-à-dire à leur donner le top départ – « top à la fumée, top au danseur numéro 5... ». Nous y sommes presque... Plus qu'une chanson, une collégiale. Il me reste encore un élément technique important : à la fin du concert, j'ai demandé aux équipes pyrotechniques de créer un final grandiose, mais qui est dangereux. Je n'ai le droit de lancer les feux d'artifice que si tous nos artistes sur scène se trouvent derrière une ligne de sécurité, qui n'est marquée qu'avec un peu de scotch au sol. Je les vois, ils sont pris par l'émotion, ils sont tous en train de vibrer à l'unisson des quarante mille spectateurs devant eux. Certains m'ont dit en off, durant la journée, que c'est peut-être la plus belle expérience de leur vie sur scène, peut-être la seule au Stade de France...

Le moment arrive. On me prévient dans le casque que les conditions de sécurité ne sont pas réunies pour lancer le feu. Je lâche mon poste *backstage* et je viens me placer aux côtés du pyrotechnicien chargé du lancer. Dans trente secondes, c'est la fin du titre, soit ça part, soit c'est raté. Je commence à attirer l'attention des artistes. Plus que vingt secondes, et ils sont toujours devant la ligne de sécurité, je ne peux pas tirer. Plus que dix secondes. Je hurle : « Reculez, les copains ! » Heureusement, Émile Wandelmer, d'Émile & Images, et William Picard me voient enfin. Plus que cinq secondes, ils réussissent à faire reculer d'un pas leurs camarades qui passent derrière la ligne de sécurité… Top à la pyro !

Depuis mes 18 ans, j'ai connu la faim, j'ai connu la douleur, mais j'ai surtout eu de la chance. J'ai toujours voulu faire rêver les gens, et ce soir, pendant plus de deux heures, j'ai aidé sept millions de personnes à être un peu plus heureuses. J'ai gagné mon pari.

Conclusion

En mai 1995, encore adolescent, j'ai eu une envie. J'ai voulu bousculer mon quotidien, croire en ma bonne étoile, vivre mon rêve. Exactement vingt ans plus tard, je suis le metteur en scène d'un événement du Stade de France retransmis en direct sur TF1, la première chaîne d'Europe.

Les Britanniques ont une expression que j'aime beaucoup. Une expression qui apprend la patience. Elle est d'autant plus importante de nos jours, où tous, nous souhaitons devenir un succès immédiatement.

« *It takes ten years to become an overnight success* », ce qui signifie en français : « Il faut dix ans pour devenir un succès du jour au lendemain. »

Je ne sais pas si je suis un succès, mais je sais que ma famille est fière de moi.

Je sais également que, de la ville du Havre à Colmar, de Lille à Marseille jusqu'à l'autre bout du monde sur la belle île de Moorea à Tahiti, mon expérience avec le public dans la rue est identique. Vous me parlez avec tendresse et sourire. Pour le timide que je suis encore, vos sourires rendent chaque jour ma vie un peu plus magique. Merci.

Thank you, Jaci.

PS : Tu vois, Jackson, c'est comme ça que papa et maman se sont rencontrés. Tu es arrivé, après toutes ces aventures, qui auraient déjà comblé mille vies. Mais tu sais, notre plus belle aventure, celle qui nous donne des frissons et qui nous fait sourire dès qu'on y pense… c'est toi.

À suivre…

Cet ouvrage a été mis en pages par

<pixellence>

Achevé d'imprimer en septembre 2021
dans les ateliers de Normandie Roto Impression s.a.s.
61250 Lonrai
N° d'impression : 2104330
N° d'édition : L.01EPMN001264.N001
Dépôt légal : octobre 2021

Imprimé en France